JN011160

山辺春彦
Yamabe Haruhiko
鷲巣 力
Washizu Tsutomu
東京女子大学丸山眞男記念比較思想研究センター
立命館大学加藤周一現代思想研究センター
監修

筑摩選書

丸山眞男と加藤周一

知識人の自己形成

丸山眞男と加藤周一　目次

まえがき

和田博文（東京女子大学・丸山眞男記念比較思想研究センター長）

本書は、鷲巣力氏と山辺春彦氏の共著です。同時に東京女子大学の丸山眞男記念比較思想研究センターと、立命館大学の加藤周一現代思想研究センターの共同監修の本でもあります。最初に丸山センターの紹介と、両センターの監修で本が刊行されることになった経緯について、簡潔に述べさせていただきます。

政治学者として歩んだ丸山眞男は、一九九六年に亡くなりました。その二年後に、約一万八〇〇〇冊の蔵書と約一万八〇〇〇冊の雑誌、約八二〇〇件のノート・草稿類が、東京女子大学に寄贈されています。それを受けて東京女子大学では、比較文化研究所に丸山センターを附置して、丸山文庫の整理を進めてきました。大学のホームページの「研究」をクリックすると、丸山センターのホームページが出てきます。そこには「丸山眞男文庫バーチャル書庫」があり、生前の丸山の自宅の蔵書状況が再現されています。デジタル化が完了した草稿類は、「丸山眞男文庫草稿類デジタルアーカイブ」で閲覧できます。

丸山眞男の旧蔵書は東京女子大学の図書館が、①開架図書、②開架雑誌、③閉架図書、④閉架雑誌に分けて所蔵しています。概括的に説明させていただくと、①は丸山による書き込みや折り込みがない図書で、約一万二二〇〇冊あります。丸山の著作や、丸山についての研究書も含んでいます。②は同じく書き込み・折り込みがない雑誌で、約一万二五〇〇冊に上ります。③は書き込み・折り込みのある図書で約五八〇〇冊。④は一九六〇年以前に発行された雑誌と、書き込み・折り込みがある雑誌で約五四〇〇冊です。これらは東京女子大学図書館ＯＰＡＣで検索可能です。

丸山家からは東京女子大学に、丸山眞男のノート・草稿類も寄贈されました。丸山が執筆した各種草稿、執筆用のメモ、講義・演習を行うための原稿や準備ノート、読書ノートと資料の抜粋、学生時代の受講ノート、研究会・シンポジウム関係の文書、外遊時の記録、座談会やインタヴューのテープ起こし、勤務先の東京大学法学部・大学院の文書、市民運動関係の資料から、日記などに至るまで、多様な性格の資料です。これらは「丸山文庫協力の会」の研究者によって、分類整理されてきました。

丸山センターでは資料の整理・調査・公開だけでなく、「丸山文庫協力の会」のお力添えをいただいて、記念講演会と公開研究会も開催しています。年度末には『丸山眞男記念比較思想研究センター報告』を発行し、一年間の活動報告や、活字化した資料を掲載してきました。また丸山眞男研究をセンターの活動の柱としながら、近現代日本思想史というもう一つの柱を立てて、研究成果を学生や一般の方に還元したいと考えてきました。丸山センター監修、和田博文・山辺春彦編『近現代日本思想史「知」の巨人100人の200冊』(平凡社新書、二〇二三年二月)の刊行は、後者の活動の一端です。

学生や一般の方への還元という意味では、展覧会も重要な行事です。丸山センターは立命館大学加藤周一現代思想研究センターと、五年前から学術協力協定を結び、共同展示を企画してきました。二〇二一年度は「知識人の自己形成——丸山眞男と加藤周一の出生から敗戦まで」というテーマで、丸山と加藤が生まれ育った時代、家庭環境、友人や教師、読書、趣味などを包括的・時系列的に紹介しました。一九二三年の関東大震災で東京は、倒壊・焼失により焦土となりますが、やがてモダン都市空間として再生します。丸山と加藤は、その空気を吸いながら自己形成をしていきました。

しかしモダン都市の時代は、戦争の時代に重なっていきます。一九三一年の満洲事変の勃発は、一五年戦争の開始を告げていました。一九三七年から始まる日中戦争を経て、一九四一年以降の「大東亜戦争」の最後に待ち受けていたのは、一九四五年の広島・長崎への原子爆弾投下と敗戦でした。それは、近代化によって西洋の帝国を追いかけた日本の帝国主義の終焉を意味していました。この光と闇に彩られた時代に、丸山眞男と加藤周一はどのように、知識人としての自己を形成していったのでしょうか。それを二回に分けて明らかにしようとしたのが、二〇二一年度と二二年度の共同展示でした。

コロナ下でZOOMを使用して共同展示の企画を協議しながら、より広い学生や一般の方に発信したいと、二回の展示内容を一冊にまとめることを、私たちは考えました。本書が丸山センターと加藤センターの共同監修になっている所以です。ただ展示内容をそのまま書物の空間に移すことはできません。そこで鷲巣氏と山辺氏に、リライトしていただくことにしました。それがお二人の共著になっている理由です。知識人の自己形成を、延(ひ)いては自己形成そのものを、読者の皆様に考えていただければ幸いです。

プロローグ――丸山眞男と加藤周一、その共通と相違

本書の狙い

本書は、丸山眞男（一九一四〜一九九六）と加藤周一（一九一九〜二〇〇八）という二人の知識人の、出生から一九四五（昭和二〇）年の太平洋戦争敗戦までの時期を対象として、知的な成長過程を個別に跡づけることを試みるものである。まず第1章では、二人が生まれ育った家庭環境の特徴に触れる。第2章から第5章では、小学校から大学までの各学校に在学していた時期に、どのような知的成長がなされたかを順に見ていきたい。第6章では、大学を卒業してひとり立ちしていく過程を扱う。このようにしてそれぞれの段階ごとに二人の歩みを示し、対照できるようにするのが本書の狙いの一つである。

これに加えて、各章のあいだに挟まる三つの補章と第7章では、同時代の同じ出来事が二人にそれぞれどのような影響を与え、またそれを二人がどのように受け止めたかという問題を扱う。こうした構成をとることで、同じ出来事を軸として二人を比較対照するというのが、本書のもう

一つの狙いである。

丸山と加藤の交流

二人はいつ出会い、その後どのような交流を続けたのだろうか。二人が初めて出会ったのは、丸山の記憶によれば、一九四九（昭和二四）年または一九五〇年、野尻湖あたりでのことだったという（丸山眞男・鷲巣力「『加藤周一著作集』をめぐって」一九八〇年）。

二人は中学校以降、同じ学校に通ったが、五学年の差があったため在学時期が重なることはなかった。一九四〇（昭和一五）年四月に加藤が東京帝国大学医学部に入学したとき、丸山はすでに同大学法学部の助手を務めており、それ以降は同じキャンパスで研究に励んでいたはずだが、お互いに知り合う機会には恵まれなかった。また敗戦直後に二人はたまたま同じ目黒区宮前町に住まいしたが、ここでも知り合うことはなかった。

出会いののち二人の交流は丸山が亡くなるまで続いた。この間、二人はさまざまな仕事をともにしている。丸山が企画編集に加わった『岩波講座現代思想』（全一二巻、一九五六〜五七年）に、加藤は二つの論考を寄稿した。そのうちの一つは丸山が責任編集を担った第五巻「反動の思想」に収められた「現代ヨーロッパにおける反動の論理」である。

一九六〇（昭和三五）年には安保改定問題で、二人はそれぞれ改定反対の論陣を張った。丸山は安保改定反対の声明に参加し、いくつかの講演を行った。加藤は日本ペンクラブの「安保条約批准承認に対して」という声明文を丸岡明とともに起草し、いくつかの対談を行った。同年、日本の近代化をめぐる「箱根会議」に丸山も加藤も参加し、その延長ともいうべき一九六二（昭和三七）年の「バミューダ会議」にも二人はともに出席している。

一九六六（昭和四一）年に来日したジャン＝ポール・サルトルは丸山との対談を強く希望したが（人文書院元編集者森和氏の証言）、それは実現しなかった。サルトルは雑誌『レ・タン・モデルヌ』日本特集号の企画を提案し、「日本の知識人」の執筆を丸山に依頼した。この特集号の編集は加藤を中心に進められ、加藤はたびたび丸山に執筆を促したが、丸山は病のため執筆できなかった。しかし、その編集には協力したのだった（丸山眞男・加藤周一・石田雄「日本の知識人」一九六七年）。

また、一九九一（平成三）年に『日本近代思想大系』第一五巻として岩波書店から刊行された『翻訳の思想』は、丸山と加藤が共同編集を引き受け、編集作業の一環として行われた対談は『翻訳と日本の近代』（岩波新書、一九九八年）にまとめられた。その他にも、二人が共同で手がけた仕事や、同席した座談会は数多い。私的にも親交があったことは、両者のあいだで交わされた書簡からもうかがうことができる（「『丸山眞男書簡集』未収録書簡」、「加藤周一書簡　丸山眞男宛　二六点」）。

丸山と加藤、その共通するもの

このような活動を続けてきた二人には、当然のことながら、共通する条件があり、異なる条件もある。

丸山と加藤が出会った戦後初期は、戦争と、戦争に至る時代の流れに対してどのような態度をとったのかが厳しく問われた時期だった。そのようなときにあって、二人のあいだに終生続く深い交わりが結ばれたのは、敗戦までの歩みについてお互い認め合うものがあったことを示唆している。それは、丸山が一九七七（昭和五二）年の論文「近代日本の知識人」で用いたことばを使えば、戦争や戦時体制に積極的に協力しなかった「非協力知識人」だったということであり、同時にそれぞれの立場、それぞれの領域における「自己批判」とともに戦後の新しいスタートを切ったことであった。

> 戦争に反対して辛い目にあった少数の知識人でさえも、自分たちのやったことはせいぜい消極的な抵抗ではないか、沈黙と隠遁（いんとん）それ自身が非協力という猜疑（さいぎ）の目でみられる時代であったとはいいながら、われわれの国にはほとんどいうに足るレジスタンスの動きが無かったことを、知識人の社会的責任の問題として反省せねばならない、もしそれが日本における権力や、画一的な「世論」にたいする抵抗の伝統の不足に由来しているならば、われわれは明治以来の日本の「驚くべき近代化の成功」のメダルの裏を吟味することから、新らしい日本の出発の基礎作業をはじめようではないか。日本の直面する課題は旧体制の社会変革だけでなく、われわれ自身の「精神革命」の問題である――そうした考えから「これまで通りではいけない」という気

持は、非協力知識人の多くをもとらえていた、と思います。（丸山眞男「近代日本の知識人」一九七七年）

敗戦による解放感を味わいながらもこうした自責感をもち、連合国の占領軍によって「配給された自由」（河上徹太郎）を自発的なものに転化するという課題を背負った知識人たちの知的共同体を、丸山は「悔恨共同体」と呼んだが、丸山と加藤はその成員であることを自覚していた。そして二人は、時の流れによってこの「悔恨」が風化し、知識人が各職業領域のタコツボに入っていってしまった高度経済成長期以降においても、「敗戦直後の悔恨や自己批判の原点を精神の内部に持続させている人々」であり続けたのである。

日本人のものの考え方

戦争体験とは、必ずしも戦時下の体験だけではなく、敗戦直後の体験も含まれる。その戦争体験は、二人に同じような問題意識をもたらした。丸山は政治的指導者たちや知識人の思想と行動に着目し、「日本の思想」の特徴を見出そうとした。それが『現代政治の思想と行動』（未来社、上一九五六年、下一九五七年）や『日本の思想』（岩波新書、一九六一年）となる。

加藤は文学者をはじめとする知識人の、積極的あるいは消極的な戦争協力がなぜ生まれたのかを追求し（たとえば「戦争と知識人」『近代日本思想史講座第4　知識人の生成と役割』筑摩書房、一九五九年）、日本の知識人のものの考え方の特徴を捉えようとした。その延長線上に『日本文学史序説』（上下、筑摩書房、一九七五、一九八〇年）や『日本　その心とかたち』（全一〇巻、平凡社、一九八七、一九八八年）や『日本文化における時間と空間』（岩波書店、二〇〇七年）が書かれたのである。文学作品も美術作品も精神の表れたものと考えたからにほかならない。

母への思い

知識人としての自己形成にあたって家庭環境が果たした役割は二人とも非常に大きかった。なかでも母の影響は際立っている。丸山の場合、父の不在期間が長く、母の苦労を口にしながら育ったこともあり、母への思いは人一倍強いものがあった。また、丸山の知的成長はその端緒において母に促された面がある。母の死を知った丸山は畳の上を転げ回って泣いたという。加藤の場合も家庭における母の存在感は大きく、加藤の文学志向に影響を与え、またそれを支えたのも母であった。加藤の母に対する思慕の念は強く、進路選択にあたっても母の意向を尊重し、八〇歳になっても母を偲（しの）んで涙することがあったほどである。

丸山は大阪府で生まれ、その後兵庫県に移り、小学二年生のときに一家で東京に転居した。四谷（丸山）と渋谷（加藤）という居住地の違いは無視できないが、それでも都会育ちという点は変わらない。また大正デモクラシーの風潮と都市文化が花開きかけた時代に幼少期から少年時代を過ごしたことも共通する。それが幼少期以降における豊かな文化との接触を可能にしたのである。

そして、ともに東京府立第一中学校、第一高等学校、東京帝国大学と進んだ。これは、近代日本の教育制度で「正系」とされた中でも特に志望者が多かったルートであり、二人は同世代の中でもごく限られたエリートとして選抜された存在であった。裏を返せば、現在まで続く学歴社会において、教育熱心な親の期待に応えた青年期を送ったわけである。

しかし、その歩みは必ずしも順風満帆だったというわけではない。加藤は尋常小学校から中学校への飛び入学を果たしたが、中学校から高等学校への飛び入学には失敗している。丸山も同様であり、それは大きな挫折感をもたらした。さらに加藤は、帝国大学への進学の際に一年間の浪人時代をはさんでいる。また、二人は学歴取得のための勉強に邁進（まいしん）するタイプでもなかった。中学校時代、丸山は兄の影響で母の期待に反するような行動を繰り返し、加藤は教師とも同級生とも親しい関係を築くことができなかった。いずれも優等生・模範生からは程遠く、学校の教育方針に反抗する生徒だったのである。

ここに表れているような、どの集団とも自分を完全に同一化させることがないという態度は、二人の知識人としての特質に通じるものがある。丸山も加藤も「行動」することの重要性を軽視していたわけではなかったが、政党や組合など、直接行動を行う特定の集団に深く関与することはなかった。権力や権威から距離をとったことはもちろんであるが、政治的・思想的立場についても一つのものだけにコミットすることはなかった。

広島体験、大学闘争

「広島体験」も共通する。丸山は一九四五年八月六日に広島市宇品(うじな)町の陸軍船舶司令部で被爆した。加藤は同年一〇月に原子爆弾影響日米合同調査団の一員として、広島に入り同じく宇品町の第一陸軍病院宇品分院に二カ月ほど逗留(とうりゅう)した。丸山は直接に被爆し、加藤は残留放射能のある広島に滞在した。そしてこの広島体験は二人にとって大きな意味をもち、加藤が医業を廃する理由の一つにもなった。しかも、丸山も加藤も「広島」について長いあいだ語らなかった、というよりも語れなかったという点でも共通する。

一九六八(昭和四三)、六九年の大学闘争が盛んであったときに、学生たちからは丸山と加藤は「プチブル・インテリ」として批判される対象であった。一九七一(昭和四六)年に丸山は東京大学を辞するが、その遠因の一つには闘争派の学生との軋轢(あつれき)があったと思われる。一九七三(昭和四八)年、加藤はベルリン自由大学を離れる。来る日も来る日も闘争派の学生との論争に明け暮れ、授業ができなくなった。授業ができないならば、大学に留まる必要はないと考えたからである。学生の希望によってベルリンに招かれたのだが(当時は「新大学法」によって学生の意向が人事にも反映された)、学生との対立によってベルリンを去った。

丸山と加藤は基本的には自由主義の立場に近く、社会主義に対しても多大なシンパシーをもっていたが、既成のイデオロギーの持ち主として捉えるのはミスリーディングであろう。二人は、出来合いの規準を内面化してそこから自己の判断や行動を割り出していくのではなく、自分なりの独立した判断規準を鍛え上げていくことを課題としていたのである。

丸山と加藤の知的な成長には、自分の環境と、そこにおける自分の位置を認識する独立した視点を獲得するという意味があった。それは書物から学んだというより、自分の具体的な体験から自分なりの世界理解を形成していく過程であった。そのような位置づけがなされた体験とは、たとえば、丸山であれば関東大震災、検挙、軍隊生活であり、加藤であれば異なる境遇の人々との出会い、親友の戦死、原子爆弾影響日米合同調査団への参加であった。体験の内容はそれぞれ異なるものの、二人はそこから知的な含意を引き出すことに努めたのである。

だからといって、他者の存在が視野に入っていなかったわけではない。むしろ、他者との対話は二人の知的活動において不可欠な位置を占めている。二人が戦中に「非協力知識人」としての態度を維持できた要因の一つは、同様の志向をもった人々と支え合うことができたことである。丸山の場合、それは東京帝国大学法学部のスタッフであり、とりわけ師の南原繁（一八八九～一九七四）は丸山にとって導きの糸であった。加藤の場合は、大叔父の岩村清一（海軍リベラル派の一人）、フランス文学の渡辺一夫や民法・法社会学の川島武宜、そして「マチネ・ポエティク」の同人たちと、戦争に対する態度を共有することができた。逆に、自分とは異質な考えとの対話を通じて、自分の立場が固着し、独善化するのを防ぐこともできた。その意味で、二人がともに「おしゃべり」を好んだことは偶然ではなかったろう。

丸山と加藤、その相違

二人の相違に着目すれば、まず挙げられるのは、五歳の年齢差である。たとえば一九三一（昭和六）年に満洲事変が勃発したとき、加藤はまだ飛び入学したばかりの中学一年生であり、高校生となっていた丸山とはその捉え方や影響の認識に差が生じるのは当然のことである。一九三〇年代の政治や学問・思想、文化における変化の速さを考慮すると、五年の差がもたらす経験の違いは決定的であった。丸山が満洲事変前の文化にも触れていたのに対し、加藤は強まっていく戦時色の中で成長していったといえよう。丸山の高校時代は戦前の組織的な左翼運動の最終局面にあたっており、丸山自身もその渦中に巻き込まれたが、加藤はそうした経験とは無縁であった。すでに左翼運動指導者は学内からいなくなっていたからである。加藤も大学時代にマルクス主義を学んでおり、それでいてマルクス主義者ではなかったことも同じだが、丸山の場合ほど知的成長の過程で大きな意味をもったとはいえないであろう。その違いは戦後になって、丸山の日本共産党との緊張をはらんだ関係と、加藤の日本共産党との宥和に満ちた関係との違いとなって表れているといえるだろう。

それ以外にも両者のあいだには大きな違いが存在する。まず、政治学を専攻した丸山と、医学に取り組むかたわら文学への関心を深めていった加藤とでは、そもそも主たる問題としていた事柄や、それに接近する方法が異なっている。

丸山は高校時代から新カント派やマルクス主義の文献に親しんでおり、大学進学後もヘーゲル、カール・マンハイム、マックス・ウェーバー、カール・シュミットといったドイツ系の学問を中心とし、加えてジェームズ・ブライスやハロルド・ラスキなどのイギリス政治学に触れていった。他方、加藤が学んだのは日本の詩歌とフランス文学であった。大学時代、加藤は医学部の学生でありながら文学部の仏文研究室に出入りし、象徴詩人を中心にしてフランス文学を学んでいる。

加藤の論文を読むと、後白河を語っても、一休宗純を述べても、新井白石を論じても、サルトルを陳べても、「文は人なり」という意味を超えて、その背後に加藤自身が立ち上がってくる。丸山の場合には、そういうことはほとんどない。加藤はまずは自分にとっての意味を考えている。丸山は日本の思想、日本の社会にとっての意味を考えている。要するに、加藤はあくまでも文学者であり（文学研究者という意味ではなく）、丸山は政治学者に徹しているのである。

活動の場、芸術への嗜好

また、活動の場も対照的である。大学卒業後、丸山はアカデミズムの研究者としての道を歩んだが、加藤は医師としての研鑽を積みながら、仲間たちとの詩作や評論の寄稿という形で文学に携わっていた。しかも発表は新聞や雑誌が多かった。丸山は一九三七（昭和一二）年から一九七一（昭和四六）年までの三四年間、一貫して東京（帝国）大学法学部に勤務したが、加藤はカナダのブリティッシュ・コロンビア大学やドイツのベルリン自由大学をはじめとして、一五を数える海外の大学で教鞭をとった。

加藤は一九五一（昭和二六）年、三二歳のときに留学することができたが、丸山は戦時中のため青年期の留学はかなわず、初めて在外研究に出たのは一九六一（昭和三六）年、四七歳のときであった。丸山が幼少期に環境の変化を経験したのに対し、加藤は長じてから、毎年のように半分は日本で、半分は海外で暮らすようになった。

丸山と加藤はともに文化・芸術への強い関心をもち続け、文学、映画、演劇に日常的に親しんでいた。映画は二人が共通して関心を寄せたものであり、巻末の年表を参照すればわかるように、同じ映画も数多く観ている。一方、もっとも関心の強かったジャンルには、二人のあいだで違いがあったこともたしかである。丸山においてそれは音楽であり、特に退職後は相当な時間を音楽に費やしたという。加藤が特に強く惹きつけられたのは美術であり、美術館通いを終生の習いとし、内外の美術に関する著作も多く残した。

＊

丸山と加藤の体験や、二人が直面した状況は一回限りのものであり、現代に生きる私たちがそのまま再現できるものではない。それはすでに二人のあいだにおいても大きく異なるものであった。にもかかわらず右に見たような共通性が存在しているとすれば、二人が経験したような知的成長は、決して特定の時代においてのみ可能になったものではないことを意味している。

本書は、丸山と加藤が知識人として自己を形成していった過程を明らかにしようとするものであるが、このことを通じて、知性の成長という事柄に関して考える一助となれば幸甚である。

＊

本書のまえがき、あとがき、年表を除く本文は、山辺春彦と鷲巣力が次の通り分担して執筆した。

プロローグ：山辺・鷲巣（共同執筆）
第1章　第1節：山辺　第2節：鷲巣
補章1　第1節：鷲巣　第2節：山辺　第3節：鷲巣
第2章〜第3章　第1節・第2節：山辺　第3節：鷲巣
補章2　第1節：鷲巣　第2節：山辺　第3節：鷲巣
第4章〜第5章　第1節・第2節：山辺　第3節：鷲巣
補章3　第1節・鷲巣　第2節：山辺　第3節：鷲巣
第6章　第1節：山辺　第2節：鷲巣
第7章　第1節・鷲巣　第2節：山辺　第3節：鷲巣
エピローグ　第1節：山辺　第2節：鷲巣

第1章 家族

1 流動性と多様性【丸山】

転居の連続

丸山眞男は一九一四（大正三）年三月二二日、大阪府東成郡天王寺村（現在の大阪市阿倍野区）で生まれた。父は丸山幹治（侃堂）、母は丸山セイ。丸山家が当地に居住していたのは、このとき幹治が『大阪朝日新聞』の記者だったためである。丸山が生まれたこの三月に幹治はアメリカに派遣され、日本を後にした。セイはその荷づくりに追われ、丸山を早産したという。幹治はアメリカとイギリスにあって折りしも勃発した第一次世界大戦の報道に携わり、帰国したのは一九一六（大正五）年一二月のことであった（写真1－1）。

丸山の本籍地は幹治が生まれ育った長野県埴科郡清野村で、大学卒業後の一九三七（昭和一二）

年にここで徴兵検査を受けている（のちに本籍地を移している）。清野村は新劇女優・松井須磨子の出身地でもある。丸山家は松代藩・真田家一〇万石の足軽身分。明治維新の際に松代藩は新政府方に与したが、幹治の祖父・清蔵は戊辰戦争に従軍して戦死した。

写真1－1　左から丸山眞男・丸山幹治・丸山鐵雄（丸山彰氏提供）

一九五二（昭和二七）年六月に東京女子大学近くの東京都武蔵野市吉祥寺三一九番地に居を定めるまで、丸山は転居を繰り返した。その居住地を一覧にすると次のようになる。

大阪府東成郡天王寺村（出生から一九一七年まで）
兵庫県武庫郡精道村大字打出（一九一七年から一九二〇年まで）
※この間、一九一八年から翌年にかけて、幹治らとともに東京に居住した可能性があるが未詳
兵庫県武庫郡精道村大字芦屋（一九二〇年から一九二一年春まで）
東京府東京市四谷区麴町一二丁目（一九二一年春から一九二二年まで）
東京府東京市四谷区愛住町四八番地（一九二二年から一九三一年五月まで）
東京府東京市外高井戸町大字中高井戸三七東一二番地（一九三一年五月から一九四四年三月まで）

※この間、第一高等学校在学中は学生寮に入る
東京都杉並区天沼一丁目（一九四四年三月から一一月まで）
※この間、一九四四年七月に入営して朝鮮に向かうが、病気で同年一〇月に召集解除
東京都杉並区西高井戸二丁目（一九四四年一一月から一九四六年春まで）
※この間、一九四五年三月に入営し、敗戦まで広島市で過ごす
東京都目黒区宮前町六四番地（一九四六年春から一九五二年六月まで）
東京都武蔵野市吉祥寺三一九番地（一九五二年六月から一九九六年の死去まで）

このような生い立ちをもつ丸山が、特定の地域と結びついたアイデンティティを自認することはあっただろうか。師の南原繁に「君はハイマートロス〈故郷喪失〉だ」とやられたと回顧するときも、南原に反論したとは語られない（『定本　丸山眞男回顧談』下）。南原に見られた「ふるさと」への感覚は、民族と祖国がもつ比重とともに、丸山にとってはもっとも遠いものであった（「南原先生を師として」一九七五年）。

父・丸山幹治

丸山幹治（一八八〇～一九五五）は丸山鐵次郎・丸山としの長男として、長野県埴科郡清野村大村で生まれた。松代町立松代尋常小学校卒業後、畑仕事に従事していたが、徳富蘇峰の『将来之

写真1－2　丸山幹治の卒業証書（丸山彰氏所蔵）

日本』（一八八六年刊）と『新日本之青年』（一八八七年刊）を読んで感奮興起し、家出を決意する。横浜で牛乳・新聞配達をしながら専門学校入学試験受験資格を取得し、父の許しを得て東京専門学校（のちの早稲田大学）邦語科行政科に入学した（写真1－2）。

一九〇一（明治三四）年の卒業後、陸羯南が社主を務めていた新聞『日本』を皮切りに、記者としての生活に入る。当時のジャーナリズムの世界は年功序列的意識が弱く、二〇代であっても見識と文筆の才があれば新聞の主筆になれるというタテの流動性があり、なおかつ自由に他社に移れるというヨコの流動性もあった時代である。

校正に失敗して二カ月で『日本』を解雇されたのち、『青森新聞』主筆、青森商業会議所書記長を経て一九〇四（明治三七）年に『日本』に再入社した。ここで幹治は古島一雄、三宅雪嶺、福本日南、国分青崖、長谷川如是閑、河東碧梧桐、安藤正純、千葉亀雄、井上亀六、古荘毅といった面々と交わりを結ぶ。『日本』が陸羯南の手を離れると他の記者たちとともに退社し、幹治は朝鮮に渡って『京城日報』編集局長となった（丸山眞男他「如是閑さんと父と私」一九八五年）。一九〇九（明治四二）年には『大阪朝日新聞』に入社して通信局長を務めるが、まもなく井上亀六の異父妹である大庭セイと結婚し、一九一〇（明治四三）年には長男鐵雄が生まれた。このとき幹治は、喜びとともに悲しみを感じるという趣旨を日記に書きとめている（尾原宏之『娯楽番組を創った男』）。悲しみというのは、親としての責任を引き受けなければならなくなり、これまでのように自由な流動性を謳歌できなくなったことから来るものであろう。

しかし、幹治にとって『大阪朝日新聞』は安住の地とならなかった。この時期の『大阪朝日新聞』は、幹治の他に鳥居素川、長谷川如是閑、大山郁夫、櫛田民蔵、花田大五郎（比露思）、社友の河上肇、佐々木惣一などそうそうたる執筆陣を擁し、民主化・自由化を求める潮流の旗手ともいうべき存在であった。ところが一九一八（大正七）年、米騒動に関連して『大阪朝日新聞』に対する言論弾圧事件である白虹事件が起こると、鳥居らとともに幹治も退社を余儀なくされたのである。

その後、東京に出て雑誌『我等』の同人となり、一九一九（大正八）年には『大正日日新聞』に入って関西に戻るが、翌年に同紙は解散してしまう。浪人時代を経て、一九二一（大正一〇）年にはふたたび東京に移って『読売新聞』論説委員・経済部長、一九二四（大正一三）年に『中外商業新報』（現在の『日本経済新聞』）論説委員・経済部長、一九二五（大正一四）年に朝鮮へ単身赴任して『京城日報』主筆、一九二八（昭和三）年には『大阪毎日新聞』論説委員となり単身関西に移った。

家庭人としての丸山幹治

稼ぎ主である幹治がこのように不安定な境遇に置かれたことは、当然ながら丸山家に深刻な影響を与えた。『大阪朝日新聞』退社後は経済的苦境に陥り、さらに『京城日報』入社以後の幹治は年に数回帰ってくるだけとなったため、四人の子の養育を一手に担ったセイは相当な苦労を重ねた。また、家庭での幹治は実に横暴だったという。丸山はそこに、新聞紙上におけるリベラルなスタンスとのギャップを見出している（「一月一三日　丸山眞男先生速記録」一九五九年）。

以上に見たような幹治の記者人生における流動性と、その反面である不安定性は、逆説的ながら日本社会における組織化の進展と流動性の縮小という大きな流れによって増幅された面がある。ジャーナリズムの世界でもメディアの大企業化と寡占化が進み、ジャーナリストの同志的結合によっては太刀打ちできない状況となっていた。ジャーナリストも自分の主張や能力を評価してくれるメディアを渡り歩くのではなく、一つのメディアのなかで出世することをめざすようになる。そこで評価される要素は学歴であった。幹治のようなペン一本で生きるタイプのジャーナリストが活躍する余地は狭まっていったのである。

それで親父はよく言っていた。日本の社会では帝大〔帝国大学〕を出れば、馬鹿でもある程度いく。帝大を出ていないということのために、どれだけ損するかわからない、実に下らないやつがただ帝大出ているというだけで黙ってどんどん出世していくというのだよ。だから僕らにお前たちは学校出たら、社会主義者になろうと、共産主義者になろうと、一切干渉しない、自分の好きな道をいってくれ、ただ学校だけは出てくれ、学校出ないと、日本では実際的に損するのだということを言いましたよ。それはよほどこたえているんだな。新聞みたいの〔ママ〕比較的自由な世界でもね。（「一月一三日　丸山眞男先生速記録」）

丸山は、幹治の中に学歴コンプレックスと帝大出身者への軽蔑とが入り混じった心理があったと指摘しているが（「如是閑さんと父と私」）、自分の子どもたちには時代の変化に逆らって苦労してほしくないという親心があったことも確かであろう。自分と同じ新聞記者だけにはならないでほしいとも願っていたという。四人の息子のうち、上の三人は幹治のことば通り帝国大学を卒業し、末弟の邦男（くにお）は父と同じ早稲田大学に進んだ。

幹治が自由に移動する記者人生を歩んだことは、セイや子どもたちに大きな負担をかけた一方で、かけがえのない生育環境を用意することにもなった。幹治は新聞『日本』や『大阪朝日新聞』を退社したのちもその記者仲間との親交を保ち、加えて『京城日報』の副島道正（そえじまみちまさ）、『東京朝日新聞』の嘉治隆一（かじりゅういち）、画家の柳瀬正夢（やなせまさむ）、『読売新聞』の松山忠二郎らとも交わりを深めた。幹治の周囲にいた人々の思想的立場は一様ではなく、左に長谷川如是閑を中心とする『我等』（のちに『批判』と改題）の同人たち、右に井上亀六ら政教社の社員たちがおり、幹治はその中間という位

写真１－３　丸山セイと子どもたち。右端が眞男。（丸山彰氏提供）

置取りであった。「丸山幹治は自由主義者だなあ」と井上は笑いながら評していたという（「如是閑さんと父と私」）。このような人々に囲まれて育ったことが、丸山の思想に奥行きを与えたといえよう。

母・丸山セイ

丸山セイ（一八八四〜一九四五）は大庭直也・大庭カヨの三女として、山口県阿武郡萩町で生まれた（写真１－３）。異父兄は井上亀六。従弟に日本画家の佐野曠（五風、一八八六〜一九七四）がいる。丸山は学生時代から京都の下鴨にあった佐野の家を訪れている。

セイは文学少女で、少女時代から短歌雑誌のレギュラーの投稿者だった。丸山が詩歌に親しんだのはセイの影響である。結婚後は歌作から離れていたが、最晩年の病床で八首の和歌を遺した。当時入営中の丸山については、「召されゆきし　吾子をしのびて思ひ出に　泣くはうとまし不忠の母ぞ」と詠んでいる。この歌について丸山は次のように述べる。

最後の病床にあって、天皇陛下のお召を受けて戦争に行くのは名誉なことと思わねばならぬという、そういう明治に育った母の規範意識というものと、にもかかわらず出征の日の朝の別れを思い出しては泣く自分——自分は不忠の母だ、これではいけない、という気持と、やはり自分は不忠でもこの切ない気持を押さえようがないという、その二つの感情のあいだに引き裂かれたまま死んでいった母を思いますと……ほんとうに痛ましくなります。これは明治の時代に育って、わが子を戦地におくった数多くの母に共通した感情であったと思います。（「二十世紀最大のパラドックス」一九六五年）

丸山の小学校時代の終わり頃から幹治は単身赴任に出たため、それ以後はもっぱらセイが四人の子を育てた。経済的にも余裕はなく、セイの苦労は並大抵のものではなかったという。子どもたちに対してセイは教育ママのような存在であり、「侍の娘」であったために厳格だった。放任主義的な幹治と、厳しくしつけようとするセイは対照的だったが、そのことがかえって子どもにとってはよかったともいえると丸山は回想している（『定本 丸山眞男回顧談』上）。子どもの教育方針に表れた両親の対照性は、両者の人生観・世界観の違いに根差すものであった。

親父なんかは、天子（てんし）さん、天子さんといっていましたが、思想問題については、当時としては実にリベラルだったと思います。根っからのジャーナリストで、哲学とか「理屈」はきらいですが、むしろその意味で明治の啓蒙主義と実証主義の血をひいている。宗教は阿片だという意味を中学生の私なんかに説明して、信心深い母親の顔をからかうように見たりしていた。（丸山眞男・古在由重「一哲学徒の苦難の道」一九六六年）

丸山は幹治のリベラルな立場から多くのものを受け取っているが、セイからは超越的なものに向き合う感性を受け継いだ。

とにかく〔お袋は〕浄土真宗一辺倒です。（中略）お袋は〔熱心な信徒とは〕見えないですけれど、非常に信心深い。宗教的敬虔さを持っていた。（中略）〔丸山自身は〕『歎異抄』も何も読んでいなくて、ただ祖母が言ったことや、お袋が断片的に言ったことを通じて、影響と言ったらオーバーだけれど、学問とか知識とかそういうものとはかかわりなく、受けていました。道徳と宗教というのは、違うんだな。宗教はこの世の道徳を超越しているんだな、と知らないうちに覚えましたね。（丸山眞男他『「著作ノート」から長野オリンピックまで』一九八八年）

セイの死に際して、丸山は入営中のために立ち会うことがかなわなかった。敗戦の翌々日に死の知らせを受け取ると、柔道場で転げ回って泣いたという（『定本 丸山眞男回顧談』上）。セイへの敬慕の強さを示すエピソードである。

伯父・井上亀六

丸山が大きな影響を受けた親族として、母セイの異父兄である井上亀六（藁村、一八七四〜一九五二）がいる。丸山幹治にとっては新聞『日本』記者時代の同僚であり、『日本』の経営が変わったことを受けて退社する際も行動をともにした（写真1－4）。

井上はその後、政教社に移って三宅雪嶺らとともに『日本及日本人』の刊行に携わる。しかし、一九二三（大正一二）年に政教社の経営方針をめぐって三宅と井上ら他の社員とのあいだに対立が生じ、結局三宅は退社して井上が政教社の社主となった。これ以後の政教社は国粋主義的色彩を強めていくが、経営は思わしくない状態が続き、一九二九（昭和四）年に井上は政教社を退いて大日社を設立し、雑誌『大日』を創刊した。丸山に言わせれば井上は右翼であり、丸山幹治や長谷川如是閑らとは思想的立場を異にするが、新左翼の内ゲバとは非常に違って、イデオロギーを超えて人間としての関係は保たれていたという（「如是閑さんと父と私」）。

写真1－4　井上亀六（後列、丸山彰氏提供）

丸山によれば、井上は「まるで修身教科書から抜けて来たような「人格者」として子どもの眼には映っていた——また

った。

事実そうだった」（「映画とわたくし」一九七九年）。そのバックボーンを形成していたのは仏教であ

僕らの子供の時の追体験からみても、阿部次郎の「人格主義」なんかから来た普通いう「大正デモクラシー」よりは、杉浦重剛（すぎうらしげたけ）の塾に通っていた僕の叔父の井上亀六（ママ）なんか、教養でいえば仏典です、ただその仏典をほんとうに読んでいるし、それがまたほんとうにいわば「血肉」になっている。日常会話に自在に仏典が出てくるような、そういう意味での「教養主義」がある。教養主義などといっても、リベラリズムのハイカラで偽善的なものではなく、普通の意味での「人格高潔」であって、むしろほんとうの「修養主義」です。まあ、大正リベラリズムの方が、その点あやしいやね。（『藤田省三著作集一〇　異端論断章』）

このような「人格者」井上の像は、丸山が後年になって社会の「しつけ」や「型」、あるいは「教養」を論じるときに一つのモデルを提供したであろう。

兄弟たち

兄（長男）・丸山鐵雄（一九一〇〜一九八八）は、「悪いことは全部兄貴に教わった」と回想されるほど丸山に強い影響を与えた。「おふくろがいなかったら、兄貴は危なかったです。本当の不良

になったかもしれないです」という（『定本 丸山眞男回顧談』上）。京都帝国大学経済学部に進み、河上肇ゼミに所属。一九三三（昭和八）年の京大事件（瀧川事件）では瀧川幸辰への処分の撤回を求めて活動した。事件後、『大阪朝日新聞』京都版に軍歌「戦友」の替え歌「戦友（大学の歌）」を投書している。しかし、一九三六（昭和一一）年の二・二六事件に際しては、その捉え方をめぐって丸山と大激論になった。

写真1－5　左から丸山鐵雄・丸山邦男・丸山矩男・丸山眞男（丸山彰氏提供）

大学卒業後は日本放送協会（NHK）に入り、音楽プロデューサーとして活躍。NHK退職後は日本コロムビア取締役などを歴任した。丸山の洋楽趣味も鐵雄に由来するが、それはポピュラーなものに始まり、やがて丸山がクラシック一辺倒となっていくのに対して、鐵雄はどちらかというと歌謡曲の方へ行って、方向性が分かれてしまった。

弟（三男）・丸山矩男（一九一七～二〇〇四）は東京帝国大学理学部卒業。

弟（四男）・丸山邦男（一九二〇～一九九四）は早稲田大学文学部中退。月刊『丸』編集部に所属。のちにフリーとなり、七〇年安保闘争では「独立ジャーナリスト群団」を結成して活動している（写真1－5）。

2　科学と詩歌【加藤】

祖父が開いた西洋への窓

加藤周一の自己形成を考えるときに、母方の祖父の存在を忘れるわけにはいかない。祖父は増田熊六（一八六六～一九三九）といい、陸軍の騎兵将校だった。熊六は自分の父増田明道（加藤の曽祖父、一八三六～一八八一、明治政府の海軍参謀、箱館戦争で海軍艦隊を指揮、陸軍参謀黒田清隆とともに榎本武揚と和平交渉にあたる）の家督を若くして相続し、私費でイタリアはミラノに留学した。ミラノでは歌劇にも親しみ、当時かの地で活躍したソプラノ歌手三浦環が歌うのを聴き、サインももらっている。日露戦争のときには、コサック兵との騎兵戦に備え、騎馬一万頭の買付けのためにオーストラリアに派遣された。

ミラノから帰国後、渋谷・宮益坂中腹の御嶽神社の下に、ヴィクトリア朝様式の洋館を建て、西洋風の家具調度に囲まれ、身だしなみも西洋風、香水を使う習慣をもち、女性との交際も華やかな暮らしを送った（写真1-6）。退役後は、貿易商を営み、銀座に西洋料理店を経営した。祖父の家の近くに暮らした加藤には、身近に「西洋」があった。

祖父熊六は、加藤をはじめ、従兄の藤山楢一（東京帝国大学卒、のちに外交官、駐英大使）、同じく増田良道（東京帝国大学卒、のちに東北大学教授、冶金学）を伴って、東京の有名料理店に連れ歩き食べさせた。加藤は蓄音機から流れる歌劇の詠唱（アリア）を幼児のときから聴いて育ったのである。

熊六はまた三人の孫を連れて活動写真（映画）を観せて歩いた。その映画はきまって西洋映画だった。映画はその土地の風景も風俗も、ことばもしぐさも、映し出すものである。西洋映画を観る習慣を小学生から身につけ、のちに加藤は「映画は西洋への窓」（『過客問答』かもがわ出版、二〇〇一年）だったと述べている。

このように身近に「西洋」を感じながら育った加藤は、戦後にフランスへ留学し、パリへ着いたとき「西欧の第一印象は、私にとって遂に行きついたところではなく、長い休暇の後に戻ってきたところであった」（『羊の歌』「祖父の家」岩波新書、一九六八年）と書いた。その「西洋への窓」を開いたのは、加藤自身というよりも、むしろ祖父熊六であった。

写真1－6　母方の祖父増田熊六

父が教えた実証主義的な考え方

加藤の父信一（一八八五〜一九七四）は、埼玉県北足立郡中丸村（現北本市）の農家の次男として生まれる。加藤家は江戸時代から続く名字帯刀を許された豪農で、一〇万坪の畑と（このうち九割は戦後の農地改革で没収される）、山林と

写真1－7　父信一に抱かれる加藤周一、2歳の頃

三〇〇〇坪の家屋敷を所有していた。県立浦和中学校を卒業後、第一高等学校を経て、東京帝国大学医科大学に入学。青山胤通(あおやまたねみち)のもと内科学を修め、一九一一（明治四四）年に同大学を卒業する。学友に正木不如丘(まさきふじょきゅう)や齋藤茂吉(さいとうもきち)がいた。卒業後は青山内科の医局員に就き、医局長にまでなる。しかし、青山の後継問題が生じ、医局と当局との対立に巻き込まれ、結局、加藤が二歳だった一九二二（大正一一）年に、学位を取らないままに大学を退職する。

開業医となるが、大地主のもつ気位の高さと、性格の不愛想さと、容易に病名を断定せず、不必要な薬は与えないという医学的な誠実さが相まって、まったく流行らない開業医だった。その数少ない患者に、フランス文学者辰野隆(たつのゆたか)一家と安田財閥の安田一家、そして社会運動家で編集者でもあった風間道太郎(かざまみちたろう)一家などがあった。

みずからを不遇と考え、知人友人との付き合いも稀(まれ)だった父信一は、その不遇と孤独の埋め合わせを息子に求めたのだろう。加藤に対して、ことあるたびに徹底した実証主義的な考え方を教えこみ、加藤はそれを理解し、かつ理解する喜びを味わった。こうして父親から教えこまれた実証主義的な考え方は、加藤の生涯を貫く信条となる。加藤に対して圧倒的な影響を及ぼしたのは、よくいわれるように母ヲリ子ではなく、父信一である。それゆえに加藤は、かえって父に反発する感情が強かった（写真1－7）。

しかし、父親の教えたあまりに実証主義的、合理主義的に過ぎる考え方に、加藤は満足していたわけではなかった。その父子の関係を象徴的に表現したのが、『羊の歌』「渋谷金王町（こんのうちょう）」に言及されるゲーテの詩「魔王」である。

「おとうさん　あれがきこえない？」「おとうさん　あれが見えないの？」「おとうさん　おとうさん　魔王がぼくをつかまえる！」（生野幸吉訳『ドイツ名詩選』岩波文庫、一九九三年）と訴えるが、お父さんは、子が見ているものが見えず、子が聞いているものも聞こえず、ついに子を失う。おとうさんは父信一であり、子は自分である、と加藤は理解した。しかし、加藤には母ヲリ子がいた。母ヲリ子によって加藤は、魔王から逃れ、救われたと綴るのである。

父信一はまたいわゆる「文学青年」を蛇蝎（だかつ）の如（ごと）くに嫌って、文学を好むようになった加藤には不満を抱いていた。しかし、その父信一に文学趣味がまったくなかったわけではなく、自宅書斎に『万葉集』やその註釈書を置いていた。そこには江戸時代中期の歌人・国学者である加藤千蔭（かとうちかげ）の『萬葉集略解（りゃくげ）』もあった。『万葉集』の註釈書としては今日まで定評がある。加藤は小学生のときに『万葉集』を披（ひら）き、意味はわからなくとも、ことばの響きの美しさに魅了される。これが加藤の文学への関心を芽生えさせてゆく一つの契機となった。父信一からすれば、まことに皮肉な結果だったに違いない。

写真1-8　加藤家の家族写真。父は後列に座る。この位置関係は加藤の家族を象徴している。

母が教えたまいし詩歌

母ヲリ子（一八九七〜一九四九）は増田熊六の次女である。一九一六（大正五）年、一八歳のときに加藤信一と結婚する。ときに父信一は三〇歳。雙葉高等女学校時代にカソリックに触れ、二〇歳頃に大病を患ったことを契機に入信した。加藤と妹久子にもカソリックに入信することを願っていて、遺言にもそのことを伝えた、と久子は証言する。

母ヲリ子は開明的な考え方をもち、自分の考えるところを一二歳年上の夫に対してもためらわずに主張する強さも備えていた。子どもに対しては優しく、周囲には気配りができ、社交性に富み、ものごとをてきぱきと処理する術を心得、合理的判断をもっていたが、合理的な判断の行き過ぎの弊も知っていた。加藤家は母ヲリ子がいわば「家刀自」として差配する家庭であった。母ヲリ子を中心に、加藤と妹久子によって営まれる家庭。父親の存在感が薄い、ある意味で「戦後の家庭」を先取りしていたといえる（写真1-8）。

自伝的小説『羊の歌』には母ヲリ子について語られることが多いが、そこからは強い母と優し

写真1－9（左）島崎藤村、写真1－10（中央）土井晩翠、写真1－11（右）若山牧水

い母との両方の表象が立ちあがってくる。つまり、母ヲリ子が「グレートマザー」であることを、加藤は感じていたと思われる。その象徴的な表現が『羊の歌』「渋谷金王町」に綴られる「夢」の件である。大車輪に押しつぶされ、大きな渦巻きに巻き込まれる夢を加藤はよく見たと記す。この夢をユング派の人ならば「グレートマザー」――子どもをかぎりなく優しく包み込む母親であり、同時に子どもに対して圧倒的な力で支配しようとする母親――として理解するだろう。

　子どもの頃に病弱であった加藤は病の床に就くことがしばしばあった。そのときに枕元に来ては「浦島太郎」や「赤ずきん」を読んで聞かせたのは、母ヲリ子であった。この経験が加藤の読書好きの習慣をつくった。

　長ずるに及んで文学を好む加藤に、父信一は不満を感じていたが、母ヲリ子は加藤を強く擁護した。しかし、大学に進学するときに、加藤が文学部志望であったにもかかわらず、家庭の経済的事情を理由に、文学部に進学することを諦めさせ、医学部に進学するように促したのも母織ヲリ子であった。

母ヲリ子はまた詩歌に親しんでいた。加藤に島崎藤村や土井晩翠、若山牧水を教えた。加藤はのちになって母ヲリ子がキーツの詩集も読んでいたことも知る。加藤のなかに「詩人の魂」を育てたのは、間違いなく母ヲリ子である（写真1-9、1-10、1-11）。

加藤は母ヲリ子を愛した。戦後、母ヲリ子に胃がんが発見されたときには、加藤は献身的に看病する。しかし、一九四九（昭和二四）年、五二歳の生涯を終える。母ヲリ子は加藤と妻綾子（一九四六年に結婚）に宛てて「遺言」を遺した。三つある遺言をすべて日記（《*Journal Intime 1948 1949*》、立命館大学加藤周一文庫デジタルアーカイブで閲覧可能）に、ていねいに貼って遺した。そこには次のように書かれている。

あなたは強いから心配しません。仕合せにそして立派なお仕事の出来ますやうに。母様を思ひ出したら神様のことを考へて見て下さい。御めぐみを祈って居ます。

この遺言は加藤の晩年におけるカトリック入信の一因かもしれない。

大叔父は海軍リベラル派

もう一人加藤に大きな影響を与えた親族がいる。加藤の大叔父にあたり、のちに海軍中将となる岩村清一（一八八九〜一九七〇）である。海軍兵学校を経て海軍大学校を首席で卒業。一九二五

（大正一四）年に在イギリス日本大使館付海軍武官に就き、一九三〇（昭和五）年にはロンドン海軍軍縮会議に全権随員として参加した。そのときの経験から、日本はアメリカに勝てないと確信し、日米開戦に反対する海軍リベラル派の一人であった（写真1－12）。

岩村は政治学者高木八尺（一八八九～一九八四）の妹美須代と結婚する。つまり、岩村と高木は同年齢で義兄弟関係にあった。高木はアメリカ政治史の研究者で、クエーカー教徒であり、海軍情報に詳しく、日米開戦に反対していた。高木の海軍情報の一部は岩村から得ていたのかもしれないし、岩村の考えに高木の影響があったかもしれない。

岩村の実姉ツタは、加藤にとって祖母になるが、岩村はツタを慕って、しばしば加藤の家を訪ねた。加藤の家では岩村を「提督」とか「おじさん」とか呼んでいた。

写真1－12　母方の大叔父、岩村清一。加藤は「叔父」と呼ぶ。

中学生の頃、加藤は巡洋艦の見学に招かれたことがある。そのときの印象を『羊の歌』「美竹町の家」に綴る。

> 私は子供の頃巡洋艦に招かれたことをよく覚えている。それは県知事になった伯父の権力をはじめてみたときとは全くちがう印象を私にあたえた。県知事には役人がへつらっていた。県庁の役人た

ちは、ほとんど陰惨な気をおこさせるほど卑屈だった。しかし巡洋艦の水兵たちは少しも卑屈ではなかった。彼らはお世辞をいわず、必要最小限度以外には口をひらかず、しかし敏捷で、正確で、能率的で、艦長の客に対しては申し分なくゆきとどいていた。そこでは人間の組織が機械のように動き、ほとんど美的な感動をあたえた。

加藤は、県知事だった伯父藤山竹一（ふじやまたけいち）（政友会）が威張りくさり、その県知事にへつらう役人たちを目の当たりにして不快感を覚えた。加藤が「権力嫌い」となった一因だろう。一方、海軍の兵たちの規律を見て「秩序美」に感動した。そのいずれもが、加藤の生涯にわたって活き続けた。秩序美はしばしば人を保守主義に誘うが、「権力嫌い」が強いゆえに、秩序美に感動するものの、保守主義に到らなかったのだろう。

岩村は加藤たちにオークション・ブリッジというカードゲームを教え、イギリスの文化や歴史について語ったらしい。そして戦争についても話すこともあった。そのことを加藤は『私にとっての20世紀』（岩波書店、二〇〇〇年）に、次のように述べる。

私のおじは海軍艦政本部長だったのです。艦政本部というところは、船を作るところですから、彼もやはり希望はないと考えていました。

軍人だから、政治的な状況ということよりも、軍事技術的に考えていた。英国または米国の海軍と一国相手ならば戦争の作戦は立てられる。しかし、日本には英米と同時に戦争するだけの船はない。だから、作戦は成り立たない。作戦計画がそもそも立てられない戦争を始めるのは愚かなことである。「残念なことである」といっていました。

岩村のことばは、加藤に「反戦」の考えを芽生えさせたかもしれない。しかし、それだけではなく、従兄の藤山楢一には外交官の道を歩むきっかけを与えたのである。

補章1

関東大震災

1 関東大震災とその影響

一九二三（大正一二）年九月一日午前一一時五八分、神奈川県小田原市付近を震央とし、神奈川県中部から相模湾、房総半島南部を震源域とするマグニチュード七・九と記録される（国際的にはM八・二）大地震が発生。東京府、神奈川県、千葉県房総半島南部、静岡県東部、埼玉県・山梨県の一部で、現行でいえば震度七の揺れに襲われた。死者・行方不明者は一〇万人を超え、全半壊・焼失家屋は三七万戸に達した。

地震発生が昼食時という時間帯だったこと、台風が通過した直後の風速二〇メートルという強風下だったことが災いし、東京や横浜では多くの火災が発生し延焼した。家屋が密集する東京下町は三日三晩燃え続けたという（写真補1−1）。

大災害は必ず流言飛語（りゅうげんひご）を生むが、地震発生直後からさまざまなうわさが飛び交い、なかでも

写真補1－1　関東大震災後の日本橋付近

「朝鮮人が来襲する」「朝鮮人が井戸に毒を入れた」などのうわさが拡がる。各地に自警団が組織され、あるいは通行人を誰何したり襲ったりして、多くの朝鮮人を虐殺する事件が起きた（六〇〇〇人が殺されたという説もある）。

政府は地震発生後に東京市と周辺五郡に「戒厳令」を敷き、混乱のなか緊急勅令として「治安維持の為にする罰則に関する件」が公布される。言論統制を行っただけではなく、王希天殺害事件、亀戸事件（社会主義者一〇名を殺害）、甘粕事件（無政府主義者大杉栄、伊藤野枝、大杉の甥を殺害）などを起こして、社会主義者に対する弾圧を行った。

支配層は震災が天譴であると唱えて、社会主義思想や奢侈に流れる風俗の統制を強めた。保守化する風潮のなかで、翌一九二四（大正一三）年には、日本労働総同盟は方向転換を、日本共産党は解党を余儀なくされた。さらに政府は一九二五（大正一四）年に治安維持法を成立させ施行した。

大震災による被害額は五五億円に達し、これは前年度の一般会計予算の三倍半に相当した。政府は支払い猶予令（ゆうよれい）を出し、かつ寛大な条件で融資を行った。しかし、緊縮財政を強いられ、震災恐慌をもたらし、一九二七（昭和二）年の金融恐慌、さらに世界恐慌のあおりを受け、一九三〇（昭和五）年の昭和恐慌を招く引き金となる。日本経済は長いあいだ不況から脱することはできず、勤労生活者は「大学はでたけれど」という流行語に象徴されるように、苦しい生活を余儀なくされた。

一方、下町に発展していた伝統的な商工業は壊滅的な打撃を受け、これを機に大資本による資本の集中と合理化が進む。こうして丸の内にオフィス街ができ始め、東京西部の京浜地域に重化学工業が進出する。また住宅街が山の手に拡がり、都市文化が花開く契機ともなった。

このようにさまざまな意味で、関東大震災は歴史の大きな転換点となった。

2　記述による対象化【丸山】

朝鮮人虐殺

関東大震災発生時、丸山は小学四年生、九歳であった。震災と、それにひき続いて発生した出来事について、自分なりの評価を体系的に行うことはまだ難しかったであろう。たとえば当時、それ以前の堕落した日本に対する天罰として震災を捉える「天譴論」が流行したが、丸山は父幹治の口から出た天譴論を疑うことなく前提とした上で、わがままをするものではないという感想を日記に書きとめている(『小学3－4年生　当用日記帳』丸山文庫草稿類資料341－2)。

朝鮮人に関する風聞についても同様であった。日記や作文には、朝鮮人が爆弾を投げているという「恐ろしいうわさ」がそのまま記されている。

しかし同時に、母セイが「長谷川(如是閑)さんでさえ朝鮮人のうわさを信じた」と後日語っていたことを丸山は記憶していた(「如是閑さんと父と私」一九八五年)。幹治は新聞記者ということもあって、情報にすぐ動かされるおっちょこちょいなところがあり、このうわさをナイーヴに信じてしまった。そして尊敬する長谷川も幹治と変わりなかった——このことを意外に思う気持ちが、セイのことばにはこめられている。丸山はこの件を、パニック状態における流言飛語がどんなに恐るべき作用をもつかということの好例と位置づけているが、それが母のことばとともに思い起こされているのである。

丸山自身の認識も、時の経過とともに変化していった。丸山が震災体験をまとめた小冊子『恐るべき大震災大火災の思出』の本文には、「朝せん人が、悪い事をするから」、父が「こんぼうをもって、「ガラン〳〵」と通りをけいかいしてゐる」とあるが、附録の「自警団の暴行」という項目では、朝鮮人への対応が批判的に記述されている。

震火災の後、朝せん人が、爆弾を投げると言ふことが、大分八釜しかった。それであるから、多くの、せん人を防ぐのには、警察ばかりではどうしても防ぎきれない。それから自警団と言ふものが、出来たのである。だが、今度の自警団はその役目をはたして居るのではなく、朝せん人なら誰でも来い。皆、打ころしてやると言ふ気だからいけない。

朝せん人が、皆悪人ではない。その中、よいせん人がたくさん居る。それで、今度は朝せん人が、二百余名は打殺されてゐる。その中悪いせん人は、ほんのわづかである。（中略）こんなことなら自警団をなくならせた方がよい。

この『恐るべき大震災大火災の思出』の奥付には、震災が起きた月である一九二三年九月「印」、翌一〇月「二印」、一九二四年八月「成本」とある。成立経緯には判然としないところがあるが、全一二回の本文が書かれた後に五項目の附録が付け足されたことはたしかであろう。本文が書かれてから附録を加えるあいだに、震災時の朝鮮人への認識と、朝鮮人をめぐる出来事に対する評価は、たんなる受け売りではなくなっていったのである。

甘粕事件

また震災直後には、アナーキストの大杉栄、内縁の妻である伊藤野枝、大杉の甥が憲兵大尉の

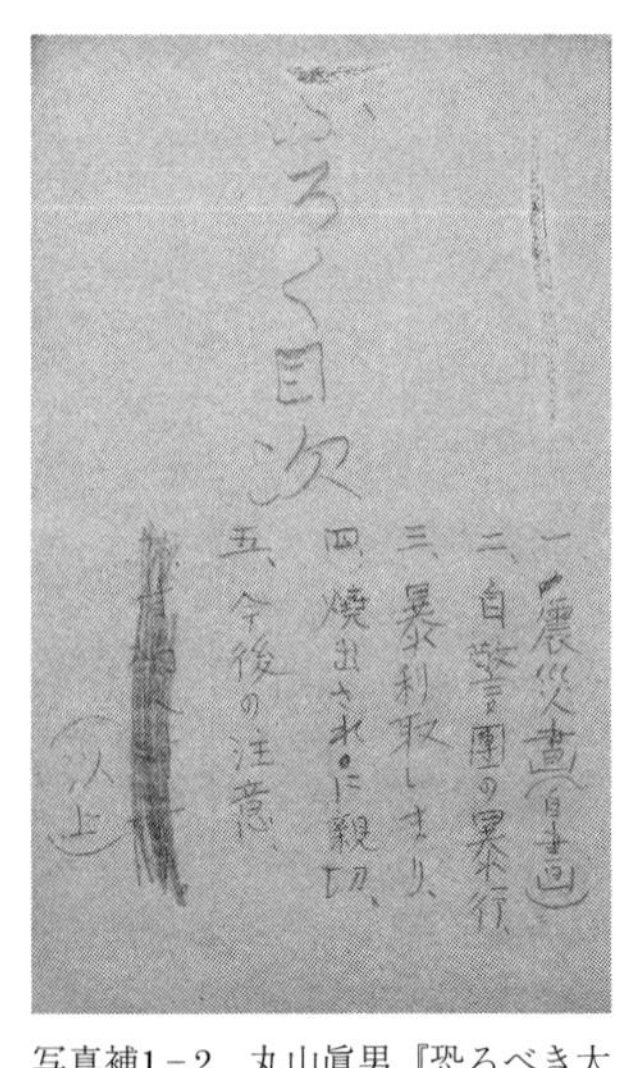

写真補1－2　丸山眞男『恐るべき大震災大火災の思出』（丸山文庫草稿類資料341-5）

甘粕正彦（あまかすまさひこ）らに殺害された甘粕事件が起きている。これを知った丸山は強いショックを受け、『恐るべき大震災大火災の思出』の附録でとりあげようとしたが、目次に「甘粕大尉事件」の項目を立てたのみで結局書かれることなく、目次の項目も抹消されている（写真補1－2）。

いくらぼくが生意気でもね、小学校四年生でね、大杉栄のことを書けるはずがないですよ。だけど非常なショックだったから。（中略）おふくろなんかは、（大杉の）甥っ子まで一緒に殺されたことで、「ひどい」って言って、小学生の時だけど覚えています。（『自由について　七つの問答』）

高校時代に治安維持法違反容疑で検挙され、取り調べで特別高等警察（特高）の刑事から長谷川如是閑について「戦争になったら真っ先に殺される人間だ」と言われたとき、丸山はすぐに大杉栄を連想し、目の前が真っ暗になったという。甘粕事件のことが念頭にあったのである。

母のことば

丸山が震災時に受けた衝撃を語るとき、それは母のことばとともに想起されている。朝鮮人のうわさや甘粕事件の問題性は、母のことばに触発される形で意識されているのである。このことは、長谷川如是閑に「偉い人だった」と評された母の存在の大きさを物語るとともに、母のことばが、対象を反省的に捉える態度の形成を促していったことを示唆している。

後年、丸山は、環境に埋没せず、精神的に自立するための一つの方法として、「なにより経験したことを忠実に記述することが、自分をふくめた環境を対象化するけいこになる」と述べている（丸山眞男他「丸山眞男氏を囲んで」一九六六年）。『恐るべき大震災大火災の思出』を書き、それを製本したことは、自分の環境から距離をとってそれを捉える視点をもちつつあったことの表れとしても理解できるのではないだろうか。

もう一つ指摘できるのは、問題意識の持続性である。震災時の作文が『恐るべき大震災大火災の思出』として製本されたのは、震災から一年近くたってからのことであった。甘粕事件を思い出させた特高刑事とのやりとりは、震災から一〇年目の年に行われている。

震災時の丸山の体験が特殊なものであったとは考えにくい。当時、東京や横浜などに住んでいた同世代の少年少女の多くも丸山と同じような状況に置かれていた。しかし、のちのちまで「戦争体験よりもむしろ強烈」（丸山眞男・鶴見俊輔「普遍的原理の立場」一九六七年）だったというほどの深刻さで震災体験を意味づけていた者はどれほどいたであろうか。丸山は、震災の際に直面した問題を意識し続けた。それは、前述したような向き合い方によって対象化されたものであったからであり、その意味で、関東大震災は丸山の知的成長過程における大きな画期として位置づけることができよう。

3　母の背中【加藤】

一九一九（大正八）年九月一九日生まれの加藤は、関東大震災のときには四歳の誕生日直前だった。渋谷村大字中渋谷の家で罹災（りさい）した。しかし、加藤には罹災の記憶はほとんどない。わずかに母ヲリ子の背中に負われて逃げた記憶がかすかに残っているだけである。幼少時の五歳の差は大きく、丸山の場合とは大きく異なっている。

しかも、関東大震災のことについて、文筆業になっても、ほとんど何も書いていない。自伝的小説『羊の歌』にも述べられていない。はっきりとわからないことについては述べない、という加藤の姿勢が貫かれたのだろうか。

それでも加藤の自己形成にとって、大震災後の都市化が進み、都市文化が花開き、「でも暗し」といわれることがあっても「大正デモクラシー」の多少なりとも自由な雰囲気のなかで物心がついたということは、加藤の自己形成に大きな意味をもったに違いない。

第2章
尋常小学校時代

1　尋常小学校

丸山眞男と加藤周一が通った時代の学校制度は、戦後に行われた学制改革前のもので、学制改革によって誕生し現在に至る学校制度（新制）と区別して旧制と呼ばれる。新制の小学校に相当する旧制の初等教育機関が尋常小学校で、それまでの小学校の後身として、一八八六（明治一九）年の小学校令で高等小学校とともに設置された。当初は四年制だったが、一九〇七（明治四〇）年に義務教育期間が六年に延長されたことに合わせて六年制となった。六年制となった頃には就学率は一〇〇％に近づいていたが、中退者も多く、尋常小学校を卒業することが当たり前となったのは一九三〇年代以降といわれる。

尋常小学校は男女別学ではなかったが、一学級を編成できる数の女児が在学している場合、三年次以降は学級が男女別とされた。

大正期以降になると中学校への進学熱が高まり、進学準備教育を重視する公立尋常小学校が各地に登場し、そのような学校に子弟を越境入学させることも行われるようになった。一九一九（大正八）年には、尋常小学校を五年間で修了して中学校に進学する飛び入学が認められた（これを「五修」と呼ぶ）。

一九四一（昭和一六）年の国民学校令で尋常小学校は国民学校初等科となったが、一九四七（昭和二二）年の学校教育法施行を中心とする学制改革によって新制小学校に改組された。

2　山の手とスラムのはざまで【丸山】

四谷第一尋常小学校

新聞記者である丸山幹治の子として生まれた丸山眞男は、父の仕事の都合で転居を繰り返し、小学校時代にも転校を経験している。一九二〇（大正九）年に就学したのは精道尋常小学校（兵庫県武庫郡精道村）であったが、この小学校に在学した時期のことについて丸山は多くを語っていない。

一九二一（大正一〇）年に転校した四谷第一尋常小学校（東京府東京市四谷区伝馬町）では、兵庫県からやって来た丸山は「イナカッぺ」といじめられ、家に石を投げられた。仲良くなるのに半年かかったという（丸山眞男他「丸山先生を囲んで」一九六六年）。四谷という地は山の手の一角でありながら鮫河橋（さめがはし）のスラム街を抱え、小学校のクラスの少なくとも三分の一はスラムの子だった。母のセイはスラムの子と遊ばないように言いつけたが、丸山兄弟はそれを守らなかった（写真2－1）。

丸山が育ったのがこのように階層的に均質な地ではなかったことは、転居を繰り返したことや家庭環境と並んで人格形成に大きな影響を及ぼしたと考えられる。外国にいても日本にいても感覚が変わらないという経験に関連して、丸山は自分のことを「自己意識がない」と評しているが（丸山眞男他「生きてきた道」一九六五年）、これは特定の集団のインサイダーとしてのアイデンティティをもっていないという意味に解することができるだろう。それは一方で「違い」に積極的な意味を見出す感性につながるとともに、他方では現実に存在するものから距離をとる姿勢を可能にするものであった。

写真2－1　四谷第一尋常小学校（東京評論社編『四谷総案内』城西益進会、1915年）

小学生時代、丸山はよく本を読み、また声がよく、学芸会では舞台に立って唱歌を歌った。しかし運動は苦手だった。丸山は早産だったため体のあちこちにおかしな所があり、その一つとして足が人並みはずれて遅かったのである。小学校の運動でリレーのときに「おまえは便所に入っていろ」といわれ、その間便所にいるという屈辱感を味わった（「日本政治思想史というジャンルが初めて市民権を得た思いです」一九八六年）。

丸山は「五修」に挑戦しなかったようだが、六年生のときに中学校受験準備のため「日土講習会」に通うようになり、受験生としての生活を送った。セイにはいわゆる教育ママのようなところがあったのに対し、幹治は子どもの進路についてはリベラルで各自の希望を尊重したが、自分が苦労した経験から学歴の取得には前向きであり、その点で両親の希望は一致していた。

芸術・芸能への関心

丸山の小学校時代、映画はまだ「カツドウ」と呼ばれ、無声の映像に弁士がナレーションをつけるというものだった。四谷に移り住むと、丸山は近所にあった「四谷館」に通いつめる。当時、映画館は不良少年のたまり場であり、母は許可しなかったが兄に入れ知恵され、母が許しそうな「文部省推薦映画」を観に行く体で、二本立てのうち推薦映画でない方の一本を観に行った。推薦映画にも『オーバー・ザ・ヒル』（H・ミラード監督）などの傑作はあったが、丸山の心を捉えたジャンルは連続大活劇だった。一九二五（大正一四）年、小学六年生になると『荒木又右衛門』（池田富保監督）などのチャンバラ映画をさかんに観るようになった。のちに丸山は、日本のチャンバラ映画を高く評価している。

チャンバラ映画というと、ともすれば芸術的には低いもののように見られるが、実はチャンバラ映画というジャンルは、日本独特というだけでなくて撮影技術の上で日本が世界に先がけ、世界に貢献した誇るべき分野だったというのが丸山の位置づけである(「映画とわたくし」一九七九年)。一九二〇年代は映画のジャンルで「新しい表現形式ができ、それが登り坂になって、この新しい可能性をフルに試してみたいというわけで、世界的にいい人材が映画の世界に集った」(丸山眞男・埴谷雄高「文学と学問」一九七八年)。創造性に満ちていたこの時期の映画から、丸山は多くのものを吸収したのである。

こうした映画鑑賞は母には内緒にしていたが、あるとき塾をサボって観に行こうとしたところを見つかり、母に泣かれてしまったという。さらに、兄の鐵雄と一緒に浅草に映画を観に行こうとしたのを母が見とがめ、両親が映画鑑賞をめぐって大喧嘩を始めたこともあった。そのときも喧嘩のすきをついて浅草に出かけ、映画館を三軒はしごする始末であった。

この他、父に連れられて四谷にあった「喜よし」という寄席によく通っていた。ここで父は芸を磨くことの難しさを教え、一芸を身につけるように諭したという。また、母の影響で詩歌に親しんだ。ときおり実作も行い、小学生雑誌に掲載されたこともあった。

読書

丸山は小学校時代から読書を趣味とし、「ホンタクサン」というあだ名をつけられるほどだった。兄の影響で『真田十勇士』『塙団右衛門』『霧隠才蔵』『猿飛佐助』『岩見重太郎』といった

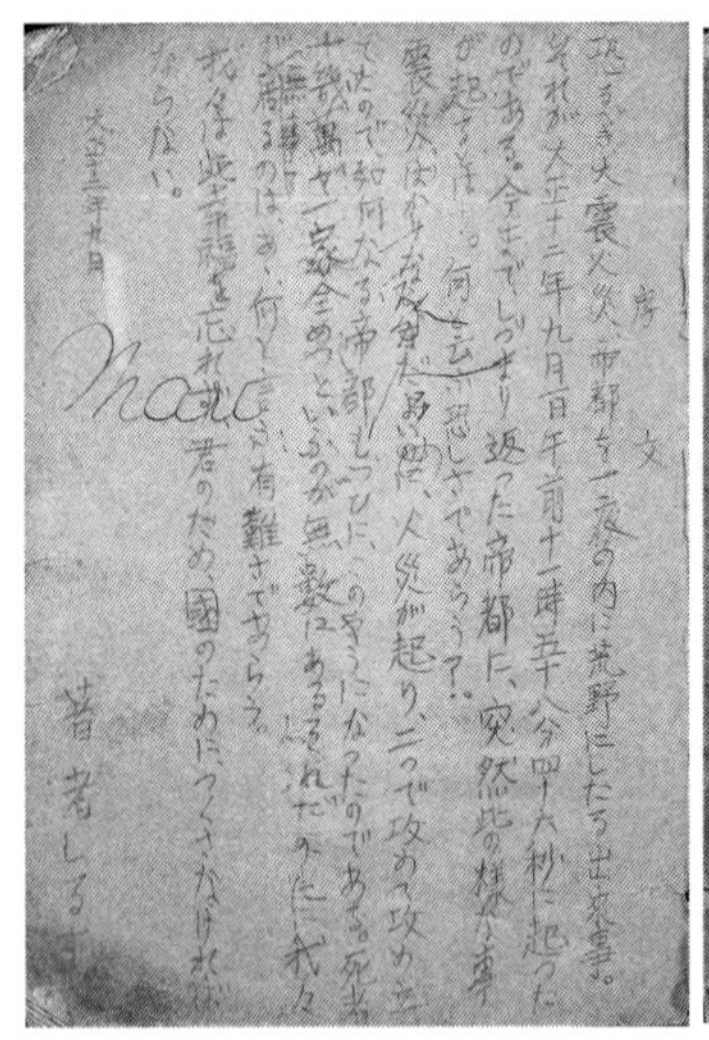
序　文

恐るべき大震火災、帝都を一夜の内に荒野にしたる此の大惨事。

それが大正十二年九月一日午前十一時五十八分四十六秒に起つたのである。今までしづまり返つた帝都に、突然此の様な事が起らうとは、何と云ふ恐しさであらう!!

震災火は[illegible]火災が起り、二つで攻めて攻め立てたので如何なる帝都もつひに、この様になつたのである。死者十数萬や一家全めつというのが無数にあるそれだけに我々が[illegible]のは、何と云ふ有難さであらう。

我々は此の惨禍を忘れず、君のため、國のためにつくさなければならない。

大正十三年九月
著者しるす

写真2－2、写真2－3　丸山眞男『恐るべき大震災大火災の思出』（丸山文庫草稿類資料341-5）

『立川文庫』を読み漁った。『立川文庫』は立川文明堂から出版されていた講談本のシリーズで、講釈師の玉田玉秀斎とその家族が共同で執筆したものである。また、一九六〇年の「私がいちばん感銘を受けた書物」というアンケートでは、小学一年生のときに読んだ巖谷小波『こがね丸　三十年目書き直し』が挙げられている。同書は、「ぼくの読んだほとんど最後の古典的なお伽話」だという（『定本　丸山眞男回顧談』上）。

社会的関心の芽生え

丸山が四谷第一尋常小学校に転校したのは、皇太子（のちの昭和天皇）の摂政就任、原敬の暗殺など、歴史的事件が目まぐるしく起こった頃であった。丸山自身も原暗殺事件の際、父が夜中に出社していったことを記憶している。
その中でも、のちの戦争をも凌駕する強烈な体験となったのが、一九二三（大正一二）年の関東大震災であった（補章1参照）。震災の体験は手書きの小冊子『恐るべき大震災大火災の思出』にまとめられており、丸山はこれを生涯にわたって大切に保管していた（写真2－2、写真2－3）。この他にも「大震火災中の美談」という作文があるが、これは東京市学務課主催の「震災記念作品展覧会」に出展され、『震災記念文集　東京市立小学校児童』尋常四年の巻（培風館、一九二四年）に掲載された。丸山の文才をもっとも早く物語るものといえよう。

　また、震災と同じ年に起きた虎ノ門事件も丸山の記憶に深く刻まれた出来事であった。当時小学四年生だった丸山に強い衝撃を与えたのは、事件そのものよりもその余波の大きさである。事件後、摂政を狙撃した難波大助が死刑となっただけでなく、山本権兵衛内閣の総辞職、警視総監の湯浅倉平と警視庁警務部長の正力松太郎の懲戒免職、難波の出身地である山口県の知事の減俸処分、難波が卒業した小学校の校長と担任の辞職、そして難波の父はみずから閉門蟄居と、引責の連鎖が生じた。

　この事件は丸山にとって、「皇室とは日本人にとってそもそも何を意味するのか、何故摂政宮がテロの対象にされたのか、という当時は答えの出るはずのない疑問を深く胸につきさしたはじめての出来事であった」（「昭和天皇をめぐるきれぎれの回想」一九八九年）。

写真2－4　小学１年生の加藤周一（1926年）

3　自分の位置を発見【加藤】

町の学校に入学

一九二六（大正一五）年、加藤は学齢を迎えた。加藤の従兄たちは、ある者は暁星小学校に行き、ある者は青山師範附属小学校に進んだ。女の子たちは雙葉や聖心に通った。いずれも「良家の師弟」が通った学校である。しかし父信一は、町の普通の小学校に入り、町の子どもと交わることをよしとした。キリスト教に基づく平等思想をもつ母ヲリ子もその考えに賛同した（写真2－4）。

その頃の加藤の家は金王町にあった。その敷地は現在の六本木通りと国道二四六が分岐するあたりだと思われる。金王町は渋谷町立渋谷小学校（現在は廃校）の学区に属した。本来ならば渋谷小学校に通うべき地域であったが、一九二五（大正一四）年一二月に新設された渋谷町立常磐松小学校（現在は渋谷区立常磐松小学校）に入学する。

そのために南青山に住んだ辰野保（陸上競技選手、弁護士、政治家、フランス文学者辰野隆の実弟）の

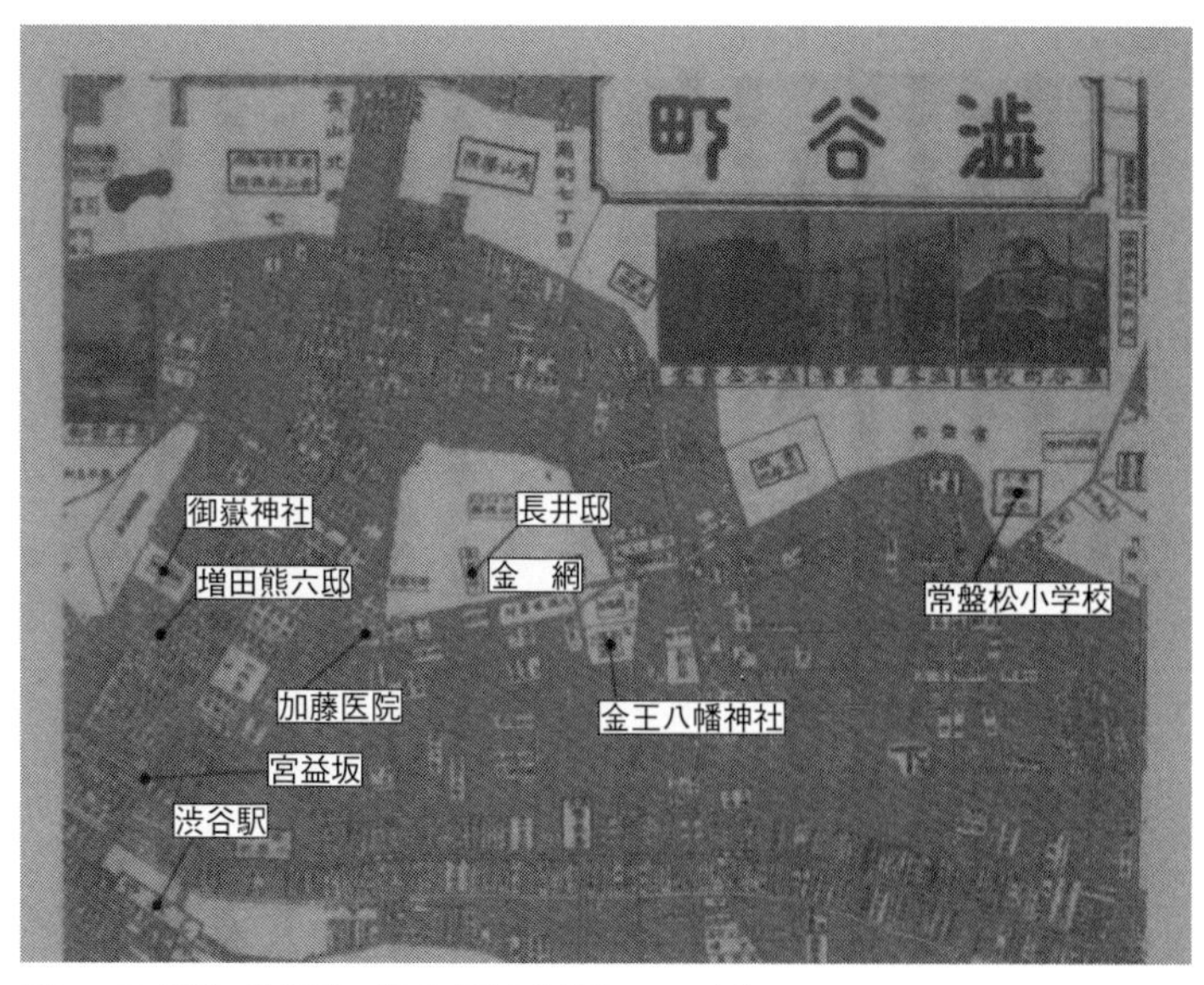

図1　1925年頃の渋谷町の地図（東京交通社、1925年）

家に寄留している。辰野隆、辰野保兄弟の父親は建築家の辰野金吾（きんご）であり、加藤の祖父増田熊六と同郷であった。そういう関係から辰野一家は加藤信一の患者になったのだろうし、辰野保に寄留を頼めもしたのだろう。常磐松小学校の記録では、入学時の加藤の住所は南青山となっている。町の学校に行かせることを主張した父信一が、通うべき学校に通わせず、寄留までしてなぜ新設小学校に通わせようとしたのか、その理由は定かではない。

長井邸と金王八幡と桜横町と

加藤が通った登校路を一九二五（大正一四）年当時の地図で確認したくとも判然としない（図1）。しかし『羊の歌』のなかで、登校風景として加藤は三つを描いている。一つは長井邸の金網、一つは金王八幡神社、もう一つが桜横町である。

一つ目は長井邸の金網である。長井邸とは「近代薬学の祖」といわれる長井長義（ながいながよし）の一万坪を超えたといわれる大邸宅である（現在、クロスタワーやみずほ銀行渋谷事務センターのあるあたり一帯）。敷地は金網で囲まれていた。その広大な敷地には、日本と外交関係を結んで間もないフィンランド公使館があり、そこには外交官とその家族が暮らしていた。その金網は背の高いものではなかったが、誰も乗り越えようとはしなかった。暗黙のうちに拒絶されていたのだった。「異国の子供たち」は「私たちを見たことがなかった。彼らにとって私たちは存在しなかった」。金網だけで隔てられた二つの世界は、決して交わることがない、それぞれまったく別の世界だった。

しかし、このような経験は長井邸の金網が初めてではなかった。祖父増田熊六の邸と、熊六の家作の長屋とを隔てていた生籬（いけがき）と石垣にも似たような感覚を覚えていた。

> 長屋の人々——戸口のまえで赤ん坊をあやしている婦人や、道で石けりをしている私たちと同じ年頃の子供たちは、私たちとは別の世界に住んでいて、目と鼻の先にいながら何らの交渉もなかったし、そもそも交渉の可能性の想像もできないような人々であった。（中略）深い関係があって、しかも全く関係のない人々の存在は、私の解釈することのできないものであり、総じて明るく澄んだ私の空にのこされた大きな暗点であったといえるだろう。祖父の家に行くたびに、長屋の人々をなるべく見ないようにする習性を、私はいつのまにか身につけていた。

（『羊の歌』「祖父の家」）

長井邸の金網と祖父熊六邸の生籬は、社会には階層を隔てる見えない壁があり、その社会のなかで加藤が占めている位置を教えた重要な契機であった。

二つ目は金王八幡神社である（写真2－5）。一一世紀に渋谷重家によって創建されたといわれる神社の位置は昭和初期も今日も変わっていない。学校の行き帰りに加藤は八幡神社の境内を通り抜けた。そこでは子どもたちが、野球や相撲、メンコや独楽に興じていた。「教室では、国定読本を自由自在に読む子どもが尊重されて、「メンコ」に習熟した子どもは小さくなっていた。八幡宮の境内では、「メンコ」の上手な子どもが周囲に号令して、国定読本を読む能力には一文の値打ちもなかった。私はどちらかを択ばなければならなかった」。加藤が択んだのは国定読本であり、そのことは、父信一の意思とは違って、町の子どもたちと交わることはほとんどできないことを意味した。

三つ目は金王八幡神社から学校への道にあった桜並木（桜横町）である。今日、桜横町がどこにあったかを確定することはできない。桜横町には、同じ学校に通う大柄で、華やかで、女

写真2－5　金王八幡神社の正面石段。加藤の通学路にある。

王のように振る舞う、美しい少女が住んでいた。加藤はこの「花の女王」に憧れた。この少女に会わないと「いくらか失望」を感じたのだった。「花の女王」を忘れられず、大学生のときに加藤は「桜横町」を訪ねたことがある。

　加藤が高等学校時代から大学時代にかけて採り続けた八冊のノート（『青春ノート』）がある。その「ノートⅥ」に書いた「AUTOBIOGRAPHIE」（一九三八年作詩）という詩に「小学一年で恋を知った」と詠み、戦争のさなかに「さくら横ちよう」（一九四三年作詩）という詩を詠んだ。しかし、それが「初恋」だったとはいえないだろうが「その頃の私を、またおそらくその後の私の多くをさえも、よく説明している経験には違いなかった」と記す。なお「さくら横ちょう」は、中田喜直（なかだよしなお）や別宮貞雄（べっくさだお）によって歌曲として作曲され、二曲とも今日もリサイタルなどで歌われている。

　桜横町は憧れの少女と結びついているだけではなかった。「メンコ」を択ばずに「国定読本」を採った加藤は、学校が行う進学のための「補習授業」に出た。その帰り道、桜横町を通ると、夕食の支度（したく）の匂い、家々の窓に点（とも）し始めた灯が映るさま、「葉の落ちた桜の枝が暮れ残る空に拡げる細かい網の目」の微妙な美しさを発見するのである。「桜横町の灯ともし頃を、かぎりなく愛する」のだった。その後加藤は、パリのヴァルミー河岸をはじめとして、あちこちで枯れ枝と夕暮れの空が織りなす美しさに感動し、それをしばしば文に綴っている。桜横町は加藤の美的な感覚を養ったといえるだろう。

贔屓と裏切り

学校の授業に苦労することはなかった。学業成績証は遺っていないが、図画工作や体育などの実技は得意ではなかったものの、それ以外の教科では筆頭の成績だったろう。当然、先生からの覚えもめでたかった。加藤は「プロテジェ protégé」（保護される者）というが、周りの級友からすれば「贔屓」されていた児童だった。ことに四年生の理科の松本先生が担任のときには幸せだった。級友たちが休み時間に校庭に駆け出してゆく代わりに、実験教室に残って「蛙の心臓の脈拍を見つめ」、先生との理科談義を楽しんだ。ここでも町の子どもたちとは交われなかった。

ある日のこと小さな事件が起きる。児童に優しい先生につけこんだ、いわば集団校則破りで、小学生といえどもよく起きる些細な事件だった。つけこまれた先生は怒り、全員への事情聴取が始まった。ところが加藤の番が廻ってくると、先生は加藤に誘導尋問による「助け舟」を出した。加藤は一瞬迷った挙句に、その助け舟に乗った。友人たちを裏切ることよりも、誘導尋問であることを理解することができない、と先生に思われたくなかったからである。まことに優等生的な行動であった。

「おまえはよろしい、もう行ってよい」という声を、そのとき私はほとんど聞いてはいなかった。解放されて歩み去るときに、私が背後に感じたのは、一列に並んだ同罪の生徒たちの視線だけであった。その見えない視線は、私の嘘を非難していたのではなく、裏切りを軽蔑していた。同時に、私は自分自身を軽蔑し、激しく自分自身を憎んでいた。（『羊の歌』「優等生」）

「その後、私は何度も、（中略）教師と馴れ合った私自身に対する憎悪を、想い出した」と書くように、このありふれた小さな事件に、加藤の心は大きく傷ついた。公的なことで「裏切りたくない」という気持ちは、加藤が生涯もち続けた想いである。こうして晩年になっても、憲法第九条を護持する一つの理由として「親友を裏切りたくない」ことを挙げるのである。

ふたりの級友

町の子どもたちと交われなかった加藤だが、記憶に残って、加藤のその後に影響を与えた子がいないわけではなかった。

一人は大工の息子だった。その子は教室では加藤と同等の学力をもっていたが、家に帰れば子守をはじめ家事の手伝いをしなければならなかった。加藤は好きなだけの時間を自由に勉強に費やすことができた。「教室での彼との競争が、まったく条件のちがう競争であった」ことを理解し、自分の置かれた社会的位置について「ほとんど後ろめたさ」を感じた。

この大工の子が家庭の経済事情によって中学進学を諦めざるを得なかったことに、驚きを感じ、強い疑問を抱いた。中学に進学できないのは、その子の責任でもなく、その親の責任でもない。

教育の不平等は、個人の責任に帰するものではなく、社会の責任であるという考え方をもつ契機となったのである。

もう一人の男の子がいる。この子は「教室のなかではいつも出来がわるく、教師から怒鳴られてばかりいた」。ところが家業の手伝いで、道玄坂の夜店で見せたその子の振る舞いに加藤は圧倒される。「父が氷の代を払い、その子がうけとる」。父信一とその子のあいだに対等な取引があるにもかかわらず、「私は単にそれを見ているにすぎない」。加藤は級友を「再発見」し、自分を「再発見」した。ここでも加藤は「社会」を知るのである（写真2－6）。

写真2－6　昭和初期の道玄坂界隈

大工の子と夜店を手伝う子の存在は、祖父熊六邸の生籬や長井邸の金網と同じように、「社会」というものを教えたに違いない。加藤が信奉した平等主義、社会的弱者への共感は、こういう経験にも根ざしている。もし加藤が町の小学校に通わなかったら、平等主義や社会的弱者への共感は、もつことがなかったか、少なくとももつことが遅くなったに違いない。

写真2－7　『子供の科学』を編集した原田三夫

『子供の科学』と『小学生全集』

加藤の読書生活は幼児期の病床に始まる。母ヲリ子が語り聞かせをしたことは前章に触れた。またたく間に字を覚え、みずから読むようになった。何を読んだかについて詳しくはわからない。小学生のときに読んだ雑誌や書籍に『子供の科学』と『小学生全集』があったことを妹久子は証言する。

『子供の科学』（誠文堂、現・誠文堂新光社）は、科学評論家原田三夫が編集に関わった雑誌で、一九二四（大正一三）年に創刊され今日も刊行され続けている（写真2－7）。この雑誌を加藤は定期購読した。この雑誌によって「自然科学を学んだのではなく、世界を解釈することのよろこびを知った」し、また「世界が解釈することのできるものだということ、世界の構造には秩序がある」ことを学んだ、と加藤はいう。これもまた加藤が生涯にわたって基本とした、世界に対する態度である。

一方、全八八巻の『小学生全集』（興文社）は、菊池寛が編集し、芥川龍之介が協力した読み物百科事典風全集であった。この全集を全巻買って読んだという。なかでも加藤は音楽学者である兼常清佐に興味を抱いた。兼常は「ピアニスト無用論」など挑発的言辞を弄したことで知られる。しかし、加藤は兼常について「彼がなにをいっているのかほとんど全くわからなかったが、（中略）彼がみずから感動し、みずから考え、諧謔を弄し、皮肉を放ち、攻撃し、防衛し、要するにその本のなかで生きているのだ」と知ったのである。のちに加藤は、兼常の文章は文学であると位置づけるのであった（写真2－8、写真2－9）。

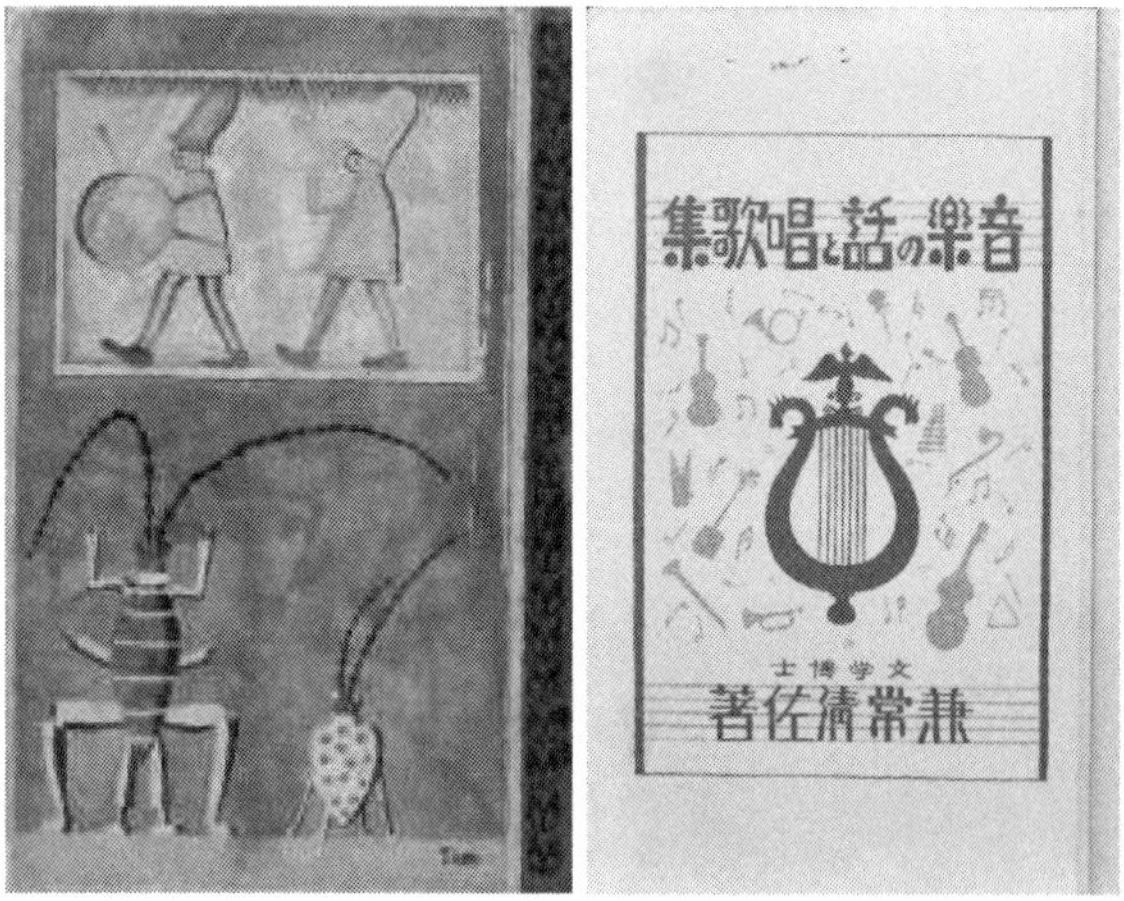

写真2－8、写真2－9　兼常清佐著『音楽の話と唱歌集』（小学生全集第67巻）表紙と大扉

補習授業と飛び入学試験

常磐松小学校では、有名中学へ卒業生を送りこむための学習体制を採っていた。そのために四学年の末に、児童を中学校に進学する組と、進学しない組とに分けて、進学組には受験のための補習授業を授けた。

第五学年になると、教師たちは中学校の等級づけを行った。「七年制高等学校の中学部〔青山師範や武蔵など――引用者註〕と、東京府立第一中学校は第一級であり、陸軍幼年学校その他は第二級であり、第三級以下は話にもならない」。

学校の授ける補習授業は、今日の小学生が通う受験塾のようなものである。塾に通う児童たちは、お互いの競争意識と連帯意識とを合わせもっている。しかし、多くの子どもたちはそういう教育を受けることに対する疑問はもっていないだろう。ひたすら「調教師」が描く計画に従って、日々を過ごしてゆく。

小学生の加藤もまた受験勉強に努力を傾けることに対する疑問はなかった。「中学校の入学試験は私の本業」であると心得、「本業に精を出し」ている「自分自身に満足し」ていた。そうなれば祭りの賑わいにも、神社の境内の子どもたちの遊びにも、心惹かれることは少なくなる。かくして受験勉強はほとんど運動競技の練習のようなものになり、練習がそれなりの効果をあげれば、「合格」という御褒美を得ることができるのである。

親の勧めに従って、東京府立第一中学校の「飛び入学試験」を受け、首尾よく合格した。多数の級友たちが小学六年生になるとき、加藤は学校を離れ、桜横町や松本先生と、後ろ髪を引かれる思いで別れなければならなかった。加藤自身は「満足を感じなかったわけではないが、その満足には実質的な内容もなかった」と述懐するのだった。

第3章

中学校時代

1　旧制中学校

旧制の中学校は一八七二（明治五）年の学制によって創設された中等教育機関。一八八一（明治一四）年に男子の学校とされた。一八八六（明治一九）年の中学校令によって五年制の尋常中学校となったが、一八九九（明治三二）年に中学校に復した。その際、男子に必要な「高等普通教育」を授けることが目的とされた。旧制中学校の多くは戦後の学制改革によって新制高等学校となり、現在に至っている。

旧制の学校系統は、尋常小学校卒業後に初等後教育機関（高等小学校や実業補習学校などの青年学校系統）と中等教育機関に分岐する複線構造をとっていたが、中学校は中等教育機関の中でも高等教育機関に至る上でもっとも正統的なルートとして位置づけられており、学歴取得による社会的上昇をめざす男子にとって第一の進学目標となった。

進学熱の上昇を受けて旧制中学校の数と生徒数は大正期に急拡大し、一九二〇（大正九）年に四万七〇〇〇人あまりだった入学者数は、丸山眞男が進学する前年の一九二五（大正一四）年には七万五〇〇〇人弱となった。それでも同学年男子の一〇％ほどに過ぎない。一九一九（大正八）年には、中学校を四年間で修了して高等学校に進学できる「四修」という飛び入学の制度が導入されている。

丸山眞男と加藤周一が進学した東京府立第一中学校（通称「一中」）は、一八七八（明治一一）年に開学した東京府第一中学の後身にあたり、第一高等学校進学者を多く輩出した名門校。丸山在学中の一九二九（昭和四）年に東京市麴町区西日比谷町から麴町区永田町に移転した（一九三三年まで府立高等学校と同居）。一九四八（昭和二三）年に新制の東京都立第一高等学校となり、一九五〇（昭和二五）年に東京都立日比谷高等学校に改称した。

2　非模範生【丸山】

反抗

丸山眞男は小学校時代の終わりに七年制の武蔵高等学校を受験するも不合格となり、一九二六（大正一五）年四月、東京府立第一中学校に入学する（写真3－1）。一中は、軍人の子弟が多い四中などと比べるとリベラルだったが、丸山は「典型的に生意気な都会っ子」「プラス優等生」気質で、後から振り返ると自己嫌悪に陥るほどであったという。一中には学校の方針に従順な優等生グループ、不良グループ、不良というほどではないが学校の方針に反感をもつ反正統派という三種類の学生たちがいた。丸山自身はこのうち反正統派にシンパシーを感じていたが、不良グループの生徒（楠原）とも親交があった。この点は兄鐵雄の影響もあったようである。

> ぼくは、亡くなった兄貴に非常に感謝しているのです。もし兄貴なかりせば、ある意味でぼくは非常に平凡な、府立一中のあんまり秀才でもないけれども、模範生だったかもしれない。それが拗ねてしまって、一中に対しても反抗し、校風に対しても反抗した。兄貴の影響で、悪いことは全部兄貴に教わった。その悪いことは探偵小説をはじめとして、みんな人生にとって非常にプラスになっています。（『定本　丸山眞男回顧談』上）

写真3－1　東京府立第一中学校校長・川田正澂（『東京府立第一中学校創立五十年史』1929年）

一中の同級生には神谷源兵衛、塙作楽（岩波書店編集者、郷土史家）、松本武四郎（医学者）、松浪信三郎（哲学研究者）、小田村寅二郎（右翼活動家、日本思想に関する編著がある）、林基（渡辺基、日本史学者）などがいた（肩書はいずれも後年のもの)。

塾をサボって映画館に通う生活は小学校時代と変わらなかったため、四年生のときの第一高等学校受験には失敗してしまう。伯父の井上亀六はわざわざやってきて、「落ちてよかった。秀才じゃないほうがいいんだ。秀才が日本を毒した」と慰めたという。合格組が抜けた五年生の年は落ちこぼれとして過ごしたが、反面、受験勉強からも解放されて自由な学校生活を満喫することができた。

教師

一中での授業で興味をそそられるものは多くなかったが、東恩納寛惇の東洋史は、暗記に終始したそれまでの授業と異なり、中国史を世界史との連関で教えられ、感銘を受けた。東恩納のリベラルな人柄にも惹かれている(写真3－2)。

小学生のときに唱歌が得意だった丸山は、高名な作曲家でもあった一中教師・梁田貞の授業に期待していた。ところが、「偉い音楽家は必ずしも良い教育家じゃないという例」で、全然面白いものではなく、すっかり失望してしまった(丸山眞男他「戦争とオペラをめぐる断想」一九九四年)。

好きだった科目として回想されているのは英語と漢文で、成績もよかったという。漢文では四年生のときに『論語』、五年生のときに『孟子』を学んでいる。担当教師の名前は言及されていないが、このとき一中で漢文を受け持っていたのは渡辺勇、本多利時、吉田辰次、伊藤宣将、山本英夫、寺田範三、沢田総清であった。丸山によれば、「中学の漢文の教師というのはだいたい反動的でして、「お前たちは一高に入ってみんなアカになるんだろう。だから今のうちにうんとたたき込んでおく」なんて言ってました（笑）」（「日本思想史における「古層」の問題」一九七九年）。

なお、太平洋戦争中に日本評論社が出版していた『東洋思想叢書』の刊行予定書目には、古典解題の一冊として丸山が『孟子』を担当することが記されている。この書は結局、おそらく丸山が入営したために刊行されなかったが、丸山の関心の所在が知られる。また、漢文好きであったことは文体にも影響していると自覚されていた。「僕は漢文的に古くさい」というのが自分の文章に対する丸山の評価である（丸山眞男他「生きてきた道」一九六五年）。

写真3－2　東恩納寛惇

読書・映画・演劇

一中在学中、丸山の読書の対象は児童文学から文学作品へと移っていった。入学時は佐藤紅緑の「あゝ玉杯に花うけて」（一九二七～一九二八年）が連載されていた大日本雄弁会講談社の雑誌『少年倶楽部』を愛読していたが、やがて新潮社の『世界文学全集』などに触れ始めた。学生の必読書であった夏目漱石などは、全集を中学校時代にあらかた読破してしまった。

他の生徒と異なる点があるとすれば、博文館の雑誌『新青年』を兄の影響で読み始めたことであろう。小酒井不木や江戸川乱歩の探偵小説を皮切りに、ポーやコナン・ドイルなどの面白さに目覚め、『アッシャー家の崩壊』『ザ・ブラック・キャット』『シャーロック・ホームズの冒険』を原文で読んだ。三年生のときには『グリーン家殺人事件』の原書を買って徹夜で読むほどに傾倒した。しかし母に見つかり、『新青年』は没収されてしまった。

読書と並行して小学校時代から続いていたのが映画趣味である。一中の入学祝いに高級映画館であった新宿の「武蔵野館」で鑑賞した『ボー・ジェスト』（H・ブレノン監督、弁士徳川夢声）は、丸山に深い感銘を与えた。徳川夢声の名調子は、サイレント映画末期の弁士の中で異彩を放っていた。丸山は埴谷雄高との対談で次のように述べている。

> サイレントの末期には、世界的にもドイツの表現派とか、凄いのがあったけども、あれがまた日本へはいってくると、徳川夢声なんていう天才がいてね。『カリガリ博士』などは、夢声の説明と離れてはぼくのなかにないんだね。（中略）夢声がはじめて、シンクロナイゼイションといったらいいか、本当に画面と合ったリアルなセリフでしゃべるやり方をはじめた。（中略）『ボー・ジェスト』は何回も映画化されたけど、ぼくは最初のサイレントのがいちばんいいと思うね。（中略）いちばんはじめに、昔だから長い字幕が出るでしょ。それを夢声が淡々と訳してゆく、（中略）「さりながら兄弟の間の愛情は星のごとく常に燦然たる光を放つのであります」。

そこから話が始まるんだ。そういうのを、まだニキビも出ない中学一年生がきいてね、ああ男女間の愛は、なるほど月のごとく満ちる時もあり、欠ける時もあるんだなってことを、そこで教わるわけだね（笑）。（丸山眞男・埴谷雄高「文学と学問」一九七八年）

丸山は徳川夢声と「武蔵野館」について、「映画の「芸術性」を初めて私に感得させた恩人であるだけでなく、「西洋音楽」に私を親しませてくれた点でも、日比谷野外大音楽堂における海軍軍楽隊の演奏と並ぶ魂の教師であった」と回想している（「映画とわたくし」一九七九年）。しかし、「武蔵野館」の入場料は高く、学生が頻繁に通えるような場所ではなかった。代わりに丸山が足繁く通ったのが「芝園館」である。

中学時代、丸山は授業をエスケープして「芝園館」に通いつめた。特にジャネット＝ゲイナーに御執心だった。しかしあるとき、「芝園館」の半券が母に見つかり、塾をサボって映画館に通っているのがバレてしまい、「兄さんはもうしょうがないと思っている。あんただけは信用しとった」と萩の訛り交じりで叱られてしまった。

一方、演劇への関心は映画ほど強いものではなかった。歌舞伎と新劇の中間に位置する沢田正二郎の「新国劇」を好んでいたが、歌舞伎は「封建的」であるとしてかたくなに拒絶していた。新劇の拠点である築地小劇場に初めて足を踏み入れたのは大学時代のことである。中学時代の演劇との関わりは戯曲が中心であった。国民図書の『現代戯曲全集』を読みふけり、三年生の頃には同人誌に戯曲を書いたという。
演劇をはじめとする文化は、時代の変化と無関係ではありえなかった。そして、満洲事変前の中学校時代にひと通り当時の文化に触れていたために、徐々に風向きが変わっていったその後の世の中を相対化して捉える視点を丸山はもつことができたのである。

中学生時代は、ちょうど宝塚と松竹少女歌劇と両方でレビューがはじまって、並んで一斉に足を上げるダンスとか、『モン・パリ』〔一九二七年初上演〕なんていう、一種のミュージカルが流行りだしたころでした。満州事変前の爛熟した、大正デモクラシーの続きじゃないですか。思想的にいうと高等学校に入ったときから反動に入るのですけれども、中学時代から、昭和のはじめの最も爛熟した、頽廃(たいはい)も含んだ文化を一応、経験しえたことがよかったと思うのです。だから、新劇なんかも含めて、だんだん時局に適応していく過程が、よく観ているだけに、ずっとたどれるわけです。(『定本　丸山眞男回顧談』上)

社会的関心

丸山が中学一年生の冬、大正から昭和への改元が行われた。昭和の初期は景気の後退期にあたり、一九二七(昭和二)年に起きた金融恐慌のあおりを受けて、いとこの清は郷里松代からの進学を断念した。身近な人を通じて丸山は農村の疲弊を実感したのである。

一九二八（昭和三）年二月に最初の男子普通選挙として実施された第一六回衆議院議員総選挙の際には、東京一区から社会民衆党公認で立候補した菊池寛の演説を聴きに行った。治安警察法の規定により未成年は政談集会に参加できないはずだが、サバを読んで首尾よく入りこむことに成功した。演説会では菊池の他、小島政二郎、横光利一、久米正雄、片岡鉄兵の応援演説を聴いている。社会民衆党の立場を説明する菊池の軽やかな弁舌に感心したという。

この年には日本政治外交史上の大事件が次々と発生している。その中でも丸山に大きな衝撃を与えたのが、一九二八年六月に起こった張作霖爆殺事件と、八月に持ち上がったパリ不戦条約問題である。張作霖爆殺事件では天皇の発言が結果として田中義一内閣の総辞職につながったが、父が「天子さんはえらい」とほめている姿を目にしている。また、パリ不戦条約については条文中の「各自ノ人民ノ名ニ於テ厳粛ニ宣言ス」という文言が日本の「国体」に反するとして、批准に反対するキャンペーンが行われた。政教社の社主であった伯父の井上亀六はもちろんのこと、父の幹治も「田中内閣が困るのが面白いから、やる」といって『日本及日本人』誌上でこのキャンペーンに加担した。丸山は父のこうした態度に、一種のマキャベリズムを感じ取っている。

この頃の丸山は、中学生のことゆえ特段の思想的・政治的立場をとっていなかった。四年生の頃に国語の授業で出された論題「現代世相の一面を論ず」に対して、「矛盾、これ豈現代世相の一面に非ずして何ぞや」で結ばれる長い作文を提出したが、これには政党政治の腐敗など、当時の社会の問題が切々と書き連ねられ、教師から激賞された。

しかし、この作文は一中の校内雑誌である『学友会雑誌』第一〇〇号に「矛盾」という表題で掲載される際に、教師によって原形をとどめないほど書き直されてしまった。これを読んだ兄の友人は「眞男くんは国家主義者だね」という感想を漏らしたというが、中学校時代の丸山は政党政治の腐敗をはじめとする社会・政治問題に憤っていたものの、国家主義者でも左派でもなかったと自己規定している。

文章修行

中学校時代は、丸山の文才が花開き始めた時期でもあった。一年生のとき、江の島への遠足の光景を綴った作文「江島遠足」が『学友会雑誌』第九三号に掲載されたのを皮切りに、初夏の風景を綴った「夏来る」（第九五号）、世相を批判した前述の「矛盾」などの作文を生んだ。

さらに文芸方面にも手を伸ばし、英詩“Ononotofu and the Frog”を『学友会雑誌』第一〇一号に寄稿し、非正統派グループで作った同人誌に戯曲を書くこともあった。丸山の文章は周囲にも認められ、五年生のときの軍事教練では配属将校の永沢三郎少佐から「従軍記者」に任じられ、御殿場（ごてんば）での教練の様子を記録している（「富士裾野発火演習記事」『学友会雑誌』第一〇二号）。これには母セイは大喜びだったという。また、作詞した歌を学校に寄贈した。丸山の文才は開花の時期を迎えていたが、その方向性は未だ定まっていなかったといえよう（写真3－3、写真3－4）。

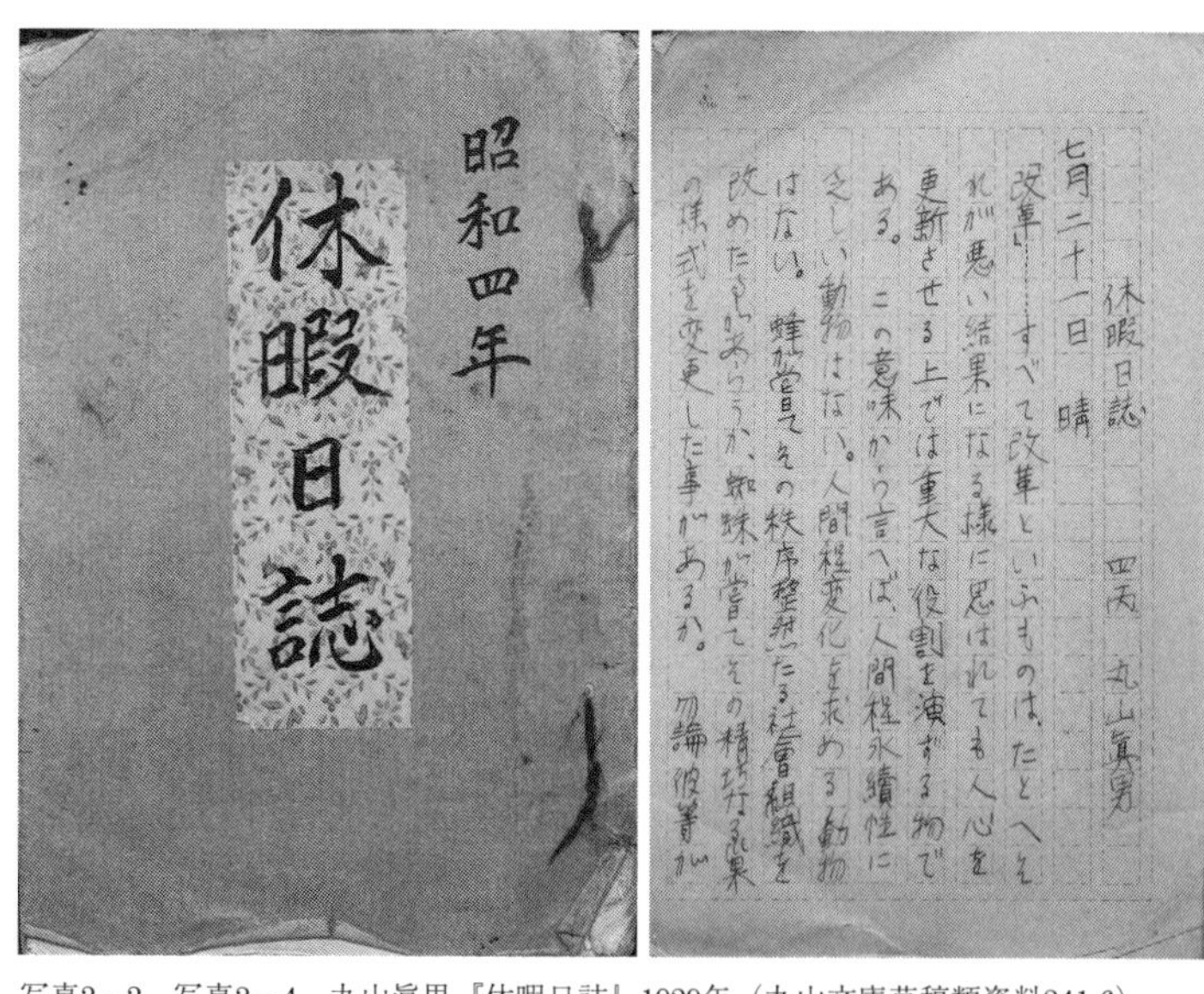
昭和四年
休暇日誌

休暇日誌　四丙　丸山眞男
七月二十一日　晴
「改革」……すべて改革といふものは、たとへそれが悪い結果になる様に思はれても人心を更新させる上では重大な役割を演ずる物である。この意味から言へば、人間程永續性に乏しい動物はない。人間程変化を求める動物はない。蜂が嘗てその秩序整然たる社會組織を改めたであらうか、蜘蛛が嘗てその精巧なる巣の様式を変更した事があるか。勿論彼等に

写真3－3、写真3－4　丸山眞男『休暇日誌』1929年（丸山文庫草稿類資料341-6）

3　非優等生の自覚【加藤】

はみ出し組

一九三一（昭和六）年四月、一一歳の加藤は東京府立第一中学校に入学する。当時の府立第一中学校は永田町の国会議事堂近くにあった。学校に通うには、渋谷で市電青山線に乗り、平河町五丁目で下車した。

第一中学校は自由主義的な校風ともいわれるが、一方「詰込学校」とか「規則学校」ともいわれ、勉学にも規則にも厳しいものがあった。第一高等学校へ多くの卒業生を送ることで知られていた。いわばその受験予備校的な性格が強かった

写真3－5　永田町時代の東京府立第一中学校の全景

のである（写真3－5）。

小学校の受験教育は「職人芸的」であり、加藤はまだ年少だったからだろうが、受験教育に疑問を抱かなかった。しかし、中学校の「工業的な技術と組織」をもった受験教育に、加藤は強い疑問を覚えた。それは個性がない大量規格品を産みだす教育だったからである。

いつの時代、どんな有名進学校にも受験体制になじまない「はみ出し組」がいる。「はみ出し組」は、あるいは意識的に受験勉強に邁進しない、あるいは校則などを無視する、あるいは運動や趣味に没頭する、あるいは女性に関心が高い「軟派」になる、といった型がある。いずれにしても学校の教育方針に反抗する態度の表れである。彼らは校内の「少数派」である。加藤はまたしても少数派に属することになった。

のちに教育を「人格と人格の接触」と定義する加藤だが、教師とのあいだにも、友人とのあいだにも「人格と人格の接触」を得られなかった。反抗を貫く態度は徹底していて、親しい教師が見つからなかっただけではなく、親しい友人関係も築けなかった。

同期生には、のちに哲学者になる矢内原伊作（矢内原忠雄の長男）、『エコノミスト』編集長になる山本進、自然科学系編集者となる高坂知英がいた。しかし、加藤は彼らが同期生であったことさえ認識していなかった。校内には『学友会雑誌』があり、文筆好みの生徒たちが寄稿しているが（丸山眞男も寄稿）、加藤はついに同誌に一度も寄稿することはなかった。

　卒業アルバムを見ると、どこを探しても加藤は写っていない。クラスごとの集合写真にも姿は見えない。普通、撮影時に欠席すると、アルバムには丸窓で脇に載るものだが、それさえない。おそらく卒業アルバムに自分の写真が載ることさえ拒んだのだろうと推測される。

　孤独な五年間を過ごしたに違いない。『羊の歌』では、中学校生活を人生唯一の「空白五年」と名づけた。加藤の人生の底に一貫して流れているのは孤独感であるが、早くも中学生のときに孤独を味わっている。

例外ネギ先生

「空白五年」のあいだ、加藤が心動かされたことがまったくなかったわけではなかった。それは「ネギ」と綽名される、ノッポの図画の高城次郎先生（『羊の歌』では高木先生）が「監督なしの試験」を実施したときのことである。

　生徒たちに「教育の目的は、不正をしようと思えばできるところで、不正をしない人間をつくることだ。その方が試験の成績よりもどれほど大切かわからない」といい、要するに「ノーブレス・オブリージュ（noblesse oblige）」を求めたのである（これも当時の東京府立一中が標榜していた徳である）。しかし、その目論見はものの見事に失敗し、試験の不正が行われた。ネギ先生は落胆して生徒たちに語りかける。

「諸君のなかの何人かは、私の信頼を裏切ったばかりでなく、正直に試験を受けた諸君の仲間を裏切った」（『羊の歌』「空白五年」）と沈んだ声が教室内に響いた。加藤はこのときのネギ先生のことばを「ほとんどことばどおりにおぼえています」（「「ネギ先生」の想い出」一九五一年『羊の歌』余聞』ちくま文庫）と書く。加藤はこの不正に加わらなかったが、ネギ先生のことばは深く心に刻まれた。

「平河町の中学校で私は多くの教師に出会った。その大部分は有能な専門家であり、また何人かは好ましい人物であったにちがいない。しかし誰からも——おそらくあの瞬間の高木先生を例外として——趣味の上でも、人格の上でも、あるいは話が少し大げさになるが、世界観の上でも、私はほとんど全く何らの影響をうけなかった」（『羊の歌』「空白五年」、傍点引用者）と述懐する。ネギ先生に対してでさえ「あの瞬間」だけだとわざわざ記すほどに、中学校生活に対する反発は強く、それから三〇年たっても和らぐことはなかった。

空白を埋めた読書と映画

府立一中では、一人の先生とも一人の友だちとも、親しく交われなかったが、加藤の中学校時代がまったくの「空白」であったわけではない。その「空白」を埋めるように、加藤が関心を示

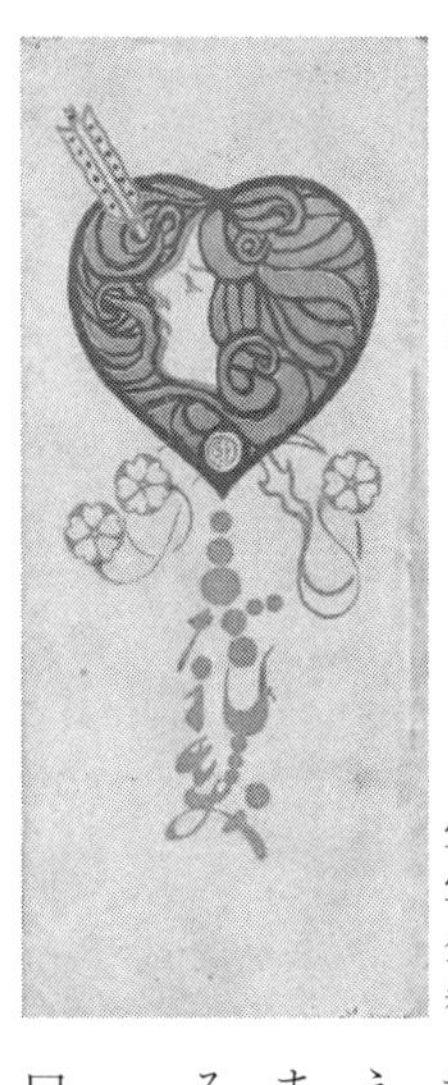

写真3－6（左）与謝野晶子『ミだれ髪』（初版表紙）
写真3－7（右）加藤が古書店で購入した『芥川龍之介全集』。全集は立命館大学「加藤周一文庫」に所蔵されるが、第7巻は欠本。

し、癒されたものが三つあった。一つは読書であり、一つは映画であり、もう一つは夕陽である。

読書については、二つが加藤の心を射た。一つは詩歌集である。両親ともに詩歌を好んだこともあり、加藤が小学生のときに『万葉集』を披いてみたことはすでにいった。中学生時代には、与謝野晶子『みだれ髪』（写真3－6）や正岡子規『竹之里歌』を読んだ。「（若山）牧水にも夢中に」なり、齋藤茂吉の『万葉秀歌』（岩波新書）も読んだ。

さらに『万葉集』の歌のいくつかを覚えた。その後も加藤にとって『万葉集』は大きな意味をもち「詩とは何かを考えるときに、藤村・晩翠を考えず、またいかなる外国の詩人のことも考えず、まず何よりも「万葉」の歌人たちを思いうかべる」とまで書いた。

もう一つは芥川龍之介である。「馬鹿ねえ」が口癖のおしゃまな幼友だちだった山田千穂子が

「馬鹿ねえ、芥川龍之介を知らないの？」といって貸してくれた一冊を読んで、たちまち芥川に魅了された。小遣いをためて渋谷の古本屋で全集一〇巻を購入して（写真3－7）、全巻を読破した。なかでも加藤が感銘を受けたのは『侏儒（しゅじゅ）の言葉（ことば）』だった。『侏儒の言葉』について加藤は次のように述べる。

> 学校でも、家庭でも、世間でも、それまで神聖とされていた価値のすべてが、眼のまえで、芥川の一撃のもとに忽（たちま）ち崩れおちた。それまでの英雄はただの人間に変り、愛国心は利己主義に、絶対服従は無責任に、美徳は臆病か無知に変った。私は同じ社会現象に、新聞や中学校や世間の全体がほどこしていた解釈とは、全く反対の解釈をほどこすことができるという可能性に、眼をみはり、よろこびのあまりほとんど手の舞い足の踏むところを知らなかった。（『羊の歌』「反抗の兆」）

おそらく加藤は次のような芥川の警句にも感動しただろう。

> 武器
>
> 正義は武器に似たものである。武器は金を出しさへすれば、敵にも味方にも買はれるであらう。正義も理窟（りくつ）をつけさへすれば、敵にも味方にも買はれるものである。古来「正義の敵」と云ふ

名は砲弾のやうに投げかはされた。しかし修辞につりこまれなければ、どちらがほんとうの「正義の敵」だか、滅多に判然したためしはない。

（中略）

わたしは歴史を翻へす度に、遊就館〔東京九段の靖国神社にある武器博物館――引用者註〕を思ふことを禁じ得ない。過去の廊下には薄暗い中にさまざまの正義が陳列してある。青龍刀に似てゐるのは儒教の教へる正義であらう。騎士の槍に似てゐるのは基督教の教へる正義であらう。此処に太い棍棒がある。これは社会主義者の正義であらう。彼処に房のついた長剣がある。あれは国家主義者の正義であらう。わたしはさう云ふ武器を見ながら、幾多の戦ひを想像し、をのづから心悸の高まることがある。しかしまだ幸か不幸か、わたし自身その武器の一つを執りたいと思つた記憶はない。（「侏儒の言葉」『芥川龍之介全集第十三巻』岩波書店、一九九六年）

いつの時代も、煽動家が振りかざすのは「正義」であり、軍事家が振りまわすのは「武器」である。「正義」と「武器」はまことに相性がよいのだが、それは「煽動家」と「軍事家」が相性のよいのと同じである。

加藤が生涯続けた社会的政治的な批評は、『侏儒の言葉』によって促されたに違いない。加藤が記した『青春ノート』には、芥川流の警句がいくつか見られる。また加藤は次のようにも総括する。

芥川龍之介のなかに、私が読みとったのは、反軍国主義・日本歴史の偶像破壊・道徳談義への反抗・大勢に順応しない批判的な精神であったようだ。吉野作造を通じてではなく、芥川龍之介を通じて、いわゆる「大正デモクラシー」の遺産を受けとったともいえるだろう。(「読書の想い出」一九六四年、『羊の歌』余聞』ちくま文庫)

もう一つの埋め合わせは映画である。中学時代、両親は加藤がひとりで映画館に行くことを禁じていたので、必ずしも回数が多かったとはいえないが(丸山のように学校を「エスケープ」して映画を観に行ったことはなかったろう)、それでもいくつかの映画を見ている。

その頃、東和商事会社の輸入していた活動写真のなかでは、七月一四日の晩に、貧しい恋人たちが出会ったり、別れたりしていた。またロシアの大公が、国際会議の古都で、夜遅く町娘を馬車にのせて走りまわるかと思えば、中部欧洲の麦畑のなかでは、まだ有名にならない大作曲家が、美しい娘と戯れていた。霧の深い英国の都では、警察の眼を自由自在にくらます神出鬼没の怪盗が、売春婦に裏切られ、貧しい者が互に援けあわなくては世も末だと呟きながら、召捕られてゆく。(『羊の歌』「反抗の兆」)

写真3－8　左手上部の森の中に見える二階建てが加藤の美竹町の自宅、手前の通りが宮益坂、渋谷宮益商店街振興組合（小林總一郎氏撮影）

この文章から加藤が観たといえる映画は『巴里祭（ぱりさい）』（監督ルネ・クレール、一九三三年公開）、『会議は踊る』（監督エリック・シャレル、一九三一年公開）、『未完成交響楽』（監督ヴィリ・フォルスト、一九三三公開）、『三文オペラ』（監督G・W・パプスト、一九三一年公開）などであろう。

夕陽を眺める

加藤が中学生のときに住んだのは美竹町（みたけちょう）の白い二階家である（写真3－8）。金王町から美竹町に引っ越したのである。美竹町は渋谷駅から宮益坂（みやますざか）を登ってゆくと左手に拡がる一帯である。加藤の家の一階は診療所となっていて、二階の南西角の部屋は父信一の書斎であった。学校から帰った加藤は、その父親の書斎に入り込んでは、夕食までのときを過ごした。西窓からは、遠く大山（おおやま）や丹沢山（たんざわさん）から富士山までが見渡せた。夕暮れどきに空の色が刻々と色を変えてゆくのを眺めることを日課とした。加藤は色彩感覚に優れるが、夕陽を眺める習慣が育んだ感覚かもしれない。次のような文章には、いったいいくつの色が描かれることか。

西の窓は、夕陽を正面から受け、陽除けをおろしても、真夏には部屋のなかが堪え難いほど暑かった。しかしせまい空地を隔てて、高い崖に臨んだその二階の窓からは、渋谷駅のあたりの谷間を越えて、はるかに遠く道玄坂の斜面が地平線までみえた。高い建物——といっても四階ばかりの建物は、谷間にしかなく、地平線につづく斜面は、低く連る黒い瓦屋根で蔽われ、夕暮には屋根の下に点々と黄色い灯がともった。晴れた日には、道玄坂の上のあたりにはっきりと富士が浮び、その富士が真白になると、私は秋の深いのを知った。三月の生あたたかい風が吹き、代々木練兵場の砂塵をまきあげる頃、富士の雪はまだ融けていなかったと思う。箱根はその下に、地平線に接して、うすく紫色に拡り、影絵のような地平線から空のなかにつき出した細い風呂屋の煙突の先で、黒い煙が風に吹き散らされていた。夕焼の雲は、あるときには、夢みるような薔薇色に染まり、あるときには、何か不吉な兆のように古い血のような色に染まった。またあるときには黄金のふちどりに輝き、豪華な色の饗宴を空いっぱいに拡げながら、見るまに色褪せてゆくと、忽ちつめたい灰色に変った。また雲のない夕暮には、広重の西空のあらゆる色調があらわれて、まだその色がすっかり褪せないうちに、宵の明星が輝いた。五年の間、西の空の夕暮を眺めることは、雨の日を除いて、私のほとんど欠かしたことのない日課であった。五年間に私の感覚がうけとったすべてのもののなかで、いちばん美しく、おそらくいちばん深く私を養ったものは、道玄坂の上の西の空であったかもしれない。私はまだボナールの薔薇色も、ティントレットの劇的な赤も見たことがなかった。私はまだ油絵というものを知らなかった。（『羊の歌』「美竹町の家」、傍線は引用者）

飛び入学試験に失敗

写真3－9　東京府立第一中学校五年生のときの加藤、襟に五年生を意味する「V」が付けられている。

加藤は受験勉強本位の生活には没頭できずにいた。小学生のときには「受験勉強が自分の本業」だと思えたのだが、中学生となるとそうはいかなかった。しかも、文学に興味を抱き始め、「中学校の第四学年に達したときの私は、小説好きの女友だちから借りることのできる本はすべて読みつくしていたし、美竹町の自分の家ばかりでなく、祖父の家にあった内外の小説を読み漁(あさ)ることにも熱中していたのである。高等学校の入学試験〔飛び入学試験――引用者註〕は近づ

写真3－10　昭和初期の油屋旅館

いていた。しかしその準備のために必要最低限以上の時間を使おうという気は全くなかった」。

中学校時代にどんな書物を読んだかは、何も書き残していないのでまったくわからない。第四学年の末に第一高等学校への飛び入学試験を受けたが不合格となる。試験に失敗して、入学試験の存外に手強いことを知り、第五学年の一年を中学校に通わなければならないことにはうんざりした。当時、府立第一中学校から第一高等学校に飛び入学で行く生徒は五〇人ほどいた。したがって、加藤のなかにも屈辱感や焦燥感もあっただろうと思われる。丸山眞男も飛び入学試験に不合格となり、屈辱感を味わったことを述べている。しかし、加藤はそういう感覚についてはほとんど触れずに淡々と描く。それは超越していたからかもしれないし、超越できずに、むしろ一言も触れたくない気持ちが強かったのかもしれない（写真3－9）。

夏の追分

一九三六（昭和一一）年の冬、五年生の終わりには第一高等学校の再度の入学試験がやってくる。父信一は次の試験には何としても合格しないとならないと考えたのだろう。前年の夏季休暇に加藤と妹を信濃（しなの）追分（おいわけ）の油屋旅館に逗留させた（写真3－10）。

追分は北国街道と中山道の分岐点にあたる宿場町であった。戦前の油屋旅館は、高等文官試験などを受ける予定の学生が受験勉強のために逗留する旅館として知られていた。それに刺激を受けて、加藤も受験勉強に励むように計らったのだろう。

油屋旅館を紹介したのは、父信一の患者であった風間道太郎だったと思われる。風間は戦時中には大政翼賛会にも関与するが、戦後、平和運動家となり、出版にも携わる。学生時代から、ゾルゲ事件に関与した尾崎秀実（おざきほつみ）と親しく、戦後に尾崎の書簡集『愛情はふる星のごとく』（世界評論社、一九四六年）を編集出版した。

追分はまた、加藤が生涯の盟友となる中村真一郎（なかむらしんいちろう）や、のちに詩人となるが、当時は建築科の学生だった立原道造（たちはらみちぞう）と知り合い、立原を介してすでに詩人・作家として活動をしていた堀辰雄（ほりたつお）と知己を得る場になった。のちに加藤は堀辰雄の結核（けっかく）を診ることにもなり、夫人の堀多恵子（ほりたえこ）とは終生の親交を続けた。これ以降、晩年に至るまで、夏季には追分で過ごす習慣をもった。その契機となったのは、一九三五（昭和一〇）年の夏に過ごした追分の体験であった。なお、追分を舞台とした加藤の交遊について綴ったものに「高原好日」（信濃毎日新聞、二〇〇一～〇三年、ちくま文庫所収）という連載と単行本がある。同書には丸山と加藤との交流の一端が綴られている。

補章2
満洲事変と二・二六事件

1　一九三〇年代前半の状況

満洲事変

満洲事変とは、一九三一（昭和六）年九月一八日、大日本帝国陸軍の中国駐留部隊である関東軍に属する一部の軍人たちが謀略をもって引き起こした戦争である。しかし、宣戦布告もなく始まり、日本政府は「戦争」ではなく「事変」（常ならざる出来事）と詐称した。

大日本帝国は日露戦争によって満洲における権益を獲得し、対ソ連戦略から「満洲は日本の生命線」と位置づけ、満洲を支配下に置こうとする考えが強かった。ことに現地に駐留する関東軍において支配的であった。かくして柳条湖（りゅうじょうこ）で鉄道爆破事件を起こし、それを理由に戦端を開く。

大日本帝国政府は満洲事変に対して「不拡大方針」を声明するものの、軍部の独走を抑えることができず、不拡大方針はたちまち瓦解する。一九三二（昭和七）年には、傀儡の満洲国建国を宣言し、溥儀が皇帝に就いた。同年国際連盟のリットン調査団が満洲を調査し、その報告書は日本の侵略を認め、国際連盟は報告書を採択した。これを機に一九三三（昭和八）年に日本は国際連盟を脱退する。さらに一九三四（昭和九）年にはワシントン海軍軍縮条約の廃棄を通告し、一九三六（昭和一一）年には、ロンドン軍縮会議からも脱退を通告する。こうして日本は国際的孤立の道を歩むことになる。

国内では次第に軍部勢力が勢いを増していくが、陸軍内には「皇道派」と「統制派」の対立があった。皇道派は、北一輝の昭和維新論に影響を受け、昭和天皇の親政のもと国家改造を進めようとしたが、クーデタも辞さないという考えだった。統制派は合法的に権力中枢に入って国家改造を行おうとして、政財界とも親密な関係を保とうとした。

二派の対立のなか皇道派によるテロやクーデタが相次いで計画され実行された。一九三一年には一部の陸軍将校によるクーデタ計画が発覚し（三月事件、十月事件）、一九三二年二月および三月には血盟団事件が起き、井上準之助前蔵相、団琢磨三井合名理事長が相次いで射殺された。同年五月には犬養毅首相も射殺される（五・一五事件）。一九三三年には、またもやクーデタ計画が発覚する（神兵隊事件）。陸軍内の統制派と皇道派の対立が激化し、一九三五年に統制派の永田鉄山が皇道派の相沢三郎によって刺殺された（相沢事件）。

一九三三年は治安維持法による検挙者が最多となり、同時に共産党幹部の佐野学・鍋山貞親の獄中転向を機に、転向者が続出する。一九三四年には実業家にして言論人の武藤山治が狙撃され死去。一九三五（昭和一〇）年には、美濃部達吉の天皇機関説が批判され、美濃部は貴族院議員を辞任する。天皇機関説事件をきっかけに「国体明徴運動」が起き「国体観念」が称揚されるようになる。この間、プロレタリア文学者の小林多喜二やマルクス主義経済学者の野呂栄太郎が逮捕され、獄死した。

二・二六事件

「二・二六事件」とは、一九三六年二月二六日に、皇道派青年将校二二名が、下士官・兵士合わせて一四〇〇名を率いて起こしたクーデタ事件である。青年将校たちは、統制派軍人や対米協調路線を採る政治家や朝日新聞社を襲った。事件によって、斎藤実内大臣、高橋是清大蔵大臣、渡辺錠太郎陸軍教育総監を射殺、鈴木貫太郎侍従長に重傷を負わせた。そして陸軍省、首相官邸、国会議事堂を占拠し、陸軍首脳陣に国家改造を要請した。

　皇道派の指導者である真崎甚三郎や荒木貞夫は、当初、クーデタを支持し、荒木陸軍大臣の告示もクーデタを容認するものであった。ところが、海軍も財界もクーデタに反対を表明し、昭和天皇の「占拠部隊」の撤収命令が下ると、事態は一変する。クーデタに対する位置づけも「決起」から「占拠」へ、「占拠」から「騒擾」へ、「騒擾」から「反乱」へとまたたく間に変化していった。

統制派の力が強い陸軍首脳部はクーデタ部隊を「反乱部隊」として鎮圧する方針を明らかにした。その結果、反乱を起こしたクーデタ部隊は「国賊」とされ、一挙に瓦解してゆく。一方「二・二六事件」を鎮圧した統制派が、政治の中枢に食い入ってゆくという結果をもたらした。

2　兄との激論【丸山】

二・二六事件まで

丸山眞男が高等教育を受けていた時期は、一五年戦争と呼ばれる戦争の時代の前半期と大きく重なる。一五年戦争の発端となった満洲事変の勃発は、丸山が第一高等学校に入学してから五カ月後の一九三一年九月であり、戦争が全面化する画期となった日中戦争の開始は、丸山が東京帝国大学を卒業してから四カ月後の一九三七年七月である。一九三六年の二・二六事件のとき、加藤周一が中学校卒業直前であったのに対し、丸山は大学二年生であった。

のちに丸山はこの時期について、デモクラティックな、自由主義的・左翼的な線がどんどん下降し、それに代わって右翼的・国家主義路線が急速に上昇していき、両者の動きが鋏状（はさみじょう）に交わる状況が見られたと規定している（『「文明論之概略」を読む』一九八六年）。この交錯が生じたとされるのが一九三三年であり、この年には日本の国際連盟脱退、京大事件（瀧川事件）、神兵隊事件、共産主義者の大量転向といった出来事が起きている。京大事件では、文部省が京都帝国大学教授・瀧川幸辰を休職処分としたことに抗議し、学問の自由や大学の自治を擁護しようとする動きの一端を担った学生たちの運動に、当時京大に在学していた丸山の兄鐵雄が関与している。

この時期における丸山の政治的立場を示す資料として、丸山文庫に収められている一九三三年一月下旬の所感がある（「一九三三年の所感五点」）。この所感によれば、それまでの丸山は、国家主義・ナショナリズムと結びついた社会主義である国家社会主義に「多大の同情」を有していた。インターナショナリズムと結びついた社会主義である国際社会主義は、現実からの飛躍をめざす空想的な性格をもつため、切実な大衆の要求に合致せず、階級的正義に反すると判断していたのである。

しかし、満洲事変以降の対外膨張と軍国化の進展は、こうした現実に対して国家社会主義が批判力をもちえないことをあらわにした。国家社会主義者は、「国家」の名において行われる行動をすべて是認し、ついには社会主義そのものをかなぐり捨て、「純粋日本主義」に屈服してしまったのである。したがって社会主義の立場を維持するには、少なくともその実現をめざす闘争の過程では、あくまでもインターナショナリズムの旗を掲げなければならない、というのがこの所感の結論であった。丸山の判断は、まさに時代の流れに逆行する軌跡を描いていたのである。

二・二六事件の発生

インターナショナリズムと結びついた社会主義を評価するに至った丸山から見て、その後の時代は悪くなっていく一方であった。「一年の差でももうかなり雰囲気がちがう」というのがその実感である。一九三四年には、クーデタを画策した陸軍皇道派青年将校と士官候補生が検挙される士官学校事件が起きた。一九三五年には華北分離工作が始まり、美濃部達吉の天皇機関説が問題視され、国体明徴運動が行われている。そして一九三六年二月二六日、皇道派青年将校に率いられた陸軍部隊が決起した。この二・二六事件の第一報を丸山が受け取ったのは二六日午前中、当時NHKに勤務していた兄鐵雄からであった。丸山が真っ先に気にしたのは、目前に迫っていた試験のことだった。

第一報は、NHKにいた兄貴から午前中に入ったのです。岡田〔啓介〕首相以下ぜんぶ殺されたというのです。〔中略〕それで本郷にすっ飛んで行ったのです。そうしたら三月一日から試験ですから、「試験は予定通り実施するにつき、学生は平静に勉学すべし」という告示が出たのです。ぼくはてっきり試験がキャンセルになると思った。シメタ、と思って大学へ行ったら、法学部のアーケードのところにこの告示が出ていたので、ちょっとがっかりした。(『定本 丸山眞男回顧談』上)

事件当日、東大に決起部隊が押しかけてくるといううわさがあり、学内は不気味な緊張に包まれていた。その中で丸山は、本郷通りなどで事件に対する人々の声を聞いた。

ぼくは本郷通りをずっと歩きまして、街の反響を聞いて回った。（中略）ぼくの印象では、何が起こるかわからないという不安が第一。次には決起した将校に対する怒りです。二・二六に対して大方は批判的だった。とくに高橋蔵相はダルマと言って人気がありました。「あんないいおじいちゃんまで殺さなくてもいい」という素朴なものだけれども、批判が多かった。（同前）

丸山の印象では、このときの人々の反応は、一九三二年の五・一五事件のときとは大きく異なるものだった。五・一五事件では首謀者を「すごく信じて」いたが、二・二六事件ではそうではなかったのである。

丸山鐵雄が見た二・二六事件

他方、鐵雄はＮＨＫの記者として赤坂の決起部隊を直接取材している。決起部隊は朝日新聞などの活字メディアを襲撃したが、放送メディアを掌握しようとはしなかった。鐵雄はＮＨＫの腕章をつけて決起部隊の警戒網を潜り抜け、首謀者の演説も聴くことができた。その目に映ったのは、丸山が見聞きしたものとは大きく異なる事件の姿であった。

> NHKの兄貴の印象は全然違うんです。（中略）兄貴はすぐ、愛宕山のNHKのそばの赤坂へ出かけて行っているんです。今の日比谷高校の真下にあった山王ホテル。そこが蹶起部隊の本拠でしょ。（中略）「尊皇討奸」、奸を討つという旗がひるがえり、群衆が遠巻きにしている。（中略）兄貴が見たのは、取り巻いている群衆の中のお婆さんが、こうやって涙を流しながら、「兵隊さん、財閥をやっつけてください。財閥をやっつけてください」と言ったというんです。
>
> （丸山眞男他「一九三〇年代、法学部学生時代の学問的雰囲気」一九八五年）

その夜、二人は寝床で事件の性格について議論した。鐵雄は事件を「革命的」な意味をもつもの、根本的には「進歩的」なものと捉えていた。資本主義を乗り越え、社会主義をめざす方向性をそこに見ていたのである。一方の丸山は、「いかなるファシズムも初期においては急進的だ。反資本主義的なことは、どんなファシズムも初期の段階では言うのだ」と反論したという。二人の論争は平行線をたどり、結局、隣の部屋で寝ていた母の「あなた方、いい加減に寝なさい」の声に水入りとなった（『定本　丸山眞男回顧談』上）。

先に触れた一九三三年の所感で丸山は、軍部に対する国民の好意が相当永続的であることを指摘している。これは、金融資本を背景とする政党政治を信頼しなくなった国民に対して、軍部が反資本主義的なそぶりを見せていたためとされており、五・一五事件への好意的反応もこのことから説明されるであろう。しかしこうした国家社会主義的傾向からは、やがて社会主義の要素が脱落していくと丸山が考えていたことはすでに見た通りである。結局それは国家主義とショーヴィニズムの陣営に行き着くのであり、二・二六事件もこの枠組みで理解されていたといえよう。

徳冨蘆花『灰燼』

事件の評価とは無関係に、丸山は一種の文学的趣向を感じてもいた。事件の一〇年近く前、中学生だった丸山に感銘を与えた小説の一つに徳冨蘆花の『灰燼』がある。西南戦争を背景に豊前中津の素封家をテーマにしたこの小説は、「「内乱」というものがそれぞれ性行と立地を異にする個人個人の実在に投げかける深い翳が、直接形においてでなく、暗示的に描かれているだけに、かえって一層激しく、私の幼い心をゆさぶった」(「わたしの中学時代と文学」一九九三年)。

三人兄弟の中で一人西郷軍にはせ参じ、命からがら敗走して家にたどり着いた少年が、兄から家名を汚す乱臣賊子と罵られて自刃を迫られ、唯一の理解者と頼んだ母からも見捨てられ、絶望の中で自刃する姿に丸山は感情移入したのである。二・二六事件においても、はじめは「決起」と呼ばれていた青年将校たちの行動が、「占拠部隊」から「反乱部隊」と呼ばれるに至り、二九日に戒厳司令官による「今からでも遅くはない」の布告が発せられ、鎮圧の対象となった。丸山はこの布告で繰り返された「逆賊」ということばを聞き、とっさに『灰燼』を思い出した。

昨日の忠臣が今日の逆賊となり、忠義の心から発した義挙が次の瞬間には私利私欲の悪行三昧と罵られる。忠逆が激しく入れ替わる「内乱」という事態が丸山の連想を誘ったのであった。

事件への反応

事件が鎮圧されると大学はすぐに再開された。だが、戒厳令による集会禁止も完全には解除されず、折からの右翼テロリズムに晒(さら)されてきた教員たちの口は重かった。このような情勢にあってこそ、事件に言及すること自体がその人物の知的良心と思想的な「地金(じがね)」を示すメルクマールとなりうるのである。

たとえば南原繁は、この年の四月に始まった「政治学史」講義において事件に触れている。この講義を聴講した丸山は、後年その模様を次のように描写している。

> 「皇軍の私兵化を慨して蹶起(けっき)した青年将校たちが、まさに皇軍を私兵化する行動をとった。こういう矛盾はどこに由来するか。畢竟(ひっきょう)、自らの行動の思想的意義にたいする徹底した、しかも客観的な考察が行われなかったことを物語る」。満場しわぶきひとつなく静まりかえった空気のなかで、こうして論点を政治哲学史の課題へと進めてゆく先生の声に学生たちは耳をかたむけた。(「南原繁著作集第四巻 解説」一九七二年)

マルクス主義の洗礼を受けていた大学時代の丸山は、政治を「文化的創業の業」とする南原の政治観には反感すらもっていた。だが、精神のもっとも内奥の営みである哲学的思索を扱う政治哲学者が、同時代のアクチュアルな動きに果敢に発言する姿に衝撃を受けた。後年、政治それ自体が文化的価値の一領域であると考えることこそ、南原独自の哲学であるという理解に至っている。

事件勃発直後に、より直截な批判を行ったのが河合栄治郎である。河合は丸山の高校時代に「思想善導委員」を務めており、丸山たち学生は「御用学者」とバカにしていた。その河合は事件後の三月九日、『帝国大学新聞』に事件を批判する記事を書いたのである。記事自体はすぐさま発禁処分になってしまったが、丸山はそのときのことを次のように振り返っている。

> 全国民が沈黙した時に、河合さんが『帝国大学新聞』に書いたのは、「もし一部の者が武器を持っていることによって他の国民より多くの発言力を得らるるならば、如かず、全国民に武器を分配せんには」というものです。これはすごい。みごとなファシズム批判だと思うんですね。そういう意味では、河合さんの評価というものが一八〇度変わりました。（「一九三〇年代、法学部学生時代の学問的雰囲気」）

政府のお先棒を担ぐ「御用学者」からファシズムを批判する硬骨漢へ。丸山が聴講した河合の特別講義の内容と合わせて、丸山の評価は大きく変わっていったのである。

事件後の展望

二・二六事件が起きた一九三六年の暮れ、丸山は大学の受講ノートに「現状維持と現状打破」と題する対話篇を記している。この対話は、架空の人物AとBが軍部や新官僚といった「革新勢力」の位置づけを議論する形で進む（写真補2－1）。

ここで丸山は、「革新勢力」の「革新」性が政治の領域におけるものであって、社会的・経済的には資本主義を否定するという意味での「革新」性を帯びるものではないと指摘する。政治的な「革新」性は、金融資本の脅威となっている「議会的民主政」を廃棄して「ファシズム独裁」に置き換えようとするものであり、結局のところ既存の資本主義的な社会関係を保持する目的をもっている。

どこの国でもファシズムは大資本の圧迫とプロレタリアートの勃興によって挟撃された中間層の運動として出発する。だからそれは反資本的なプログラムを掲げ、かくて広汎な大衆を吸引して現実的勢力を増す。しかしそれが現実的勢力を益〔ママ〕すと共にそれは資本によって利用され、そのプログラムは資本に都合のいゝやうに変曲され、つひに全く資本の最も強力な防衛形態となるんだ。日本でも五・一五事件とか血盟団事件とか神風〔兵〕隊事件とかは反資本的な色彩を帯びた初期ファシズム運動の表現だった。かうしたいはゆる「下からの」非合法的ファ〔ッ〕シヨ運動は二・二六事件で最高潮に達したといへよう。しかし、かうした下からのファシズムの暴力的発現は資本を脅威しつゝも、上からのファシズムをおしすゝめる契機となったのだ。さうして二・二六事件以後の粛軍と庶政一新の行程は一方に於て、非合法ファシズムを弾圧すると共に、他方に於て、その非合法ファシズムの要求を合理的に――といふのは、資本の支配に適合する様に――実現する行程にほかならない。（「現状維持と現状打破」一九三六年）

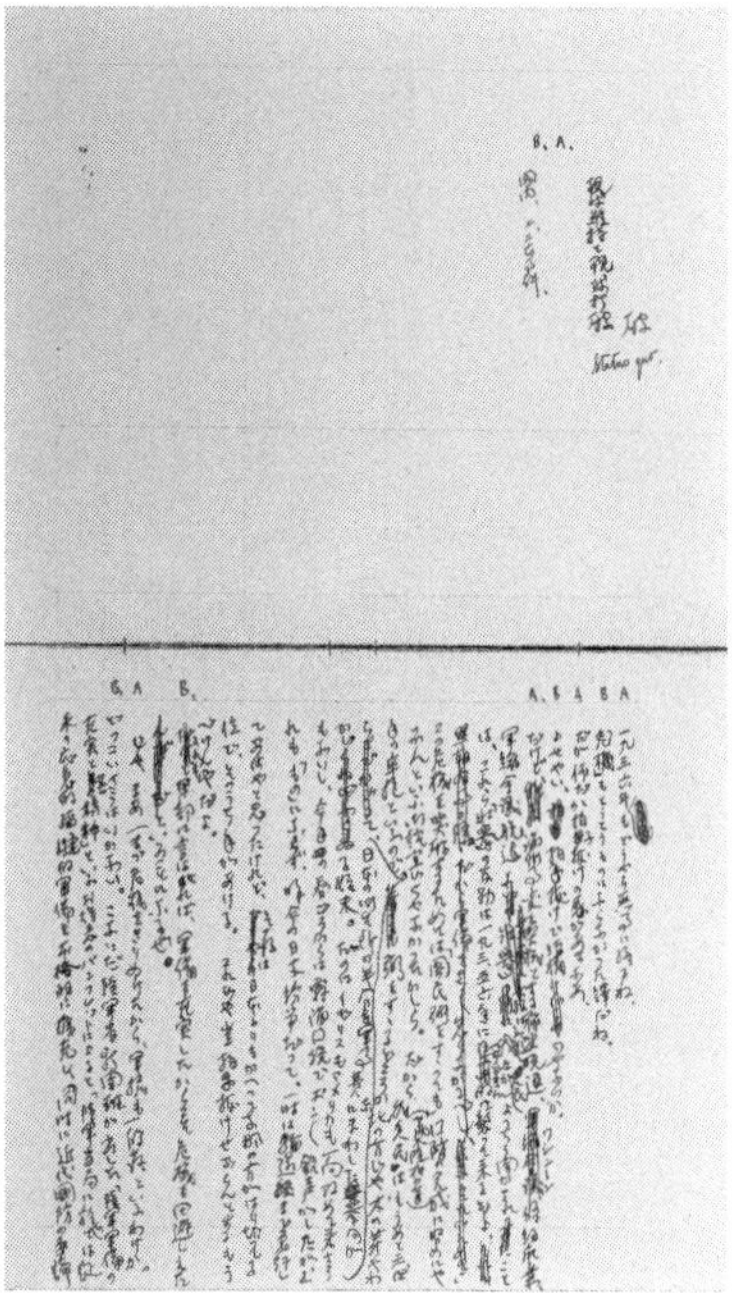

写真補2－1　「現状維持と現状打破」（丸山文庫草稿類資料20-2）

ここで丸山は、反資本主義的・社会主義的要素の脱落という一九三三年の所感以来の分析を繰り返しつつ、その過程を、「下から」のファシズムによって「上から」のファシズムが促進される動きと重ね合わせて理解している。そして今後の展開として、たとえば政党という形式で合法的な「下からの」ファシズムが台頭し、「上から」のファッショ化過程と提携する可能性に注意を促している。それに対抗できる勢力として丸山が期待をかけたのが無産政党の社会大衆党であり、既成政党の自由主義的分子を糾合して危機にある政治的自由を擁護するとともに、日本の不完全な「半封建的なデモクラシー」をより完全なデモクラシーにしていくことを求めたのである。

戦後の事件評価

しかし結局、二・二六事件後に合法的な「下からの」ファシズムが大きな勢力となることはなかった。その結果、戦後の丸山は、「下からの」ファシズムが「上から」のファシズムに交代する画期として二・二六事件を位置づけるようになる。

> 運動としてのファシズムを中心として考える場合は、やはり二・二六事件というものが最も大きな分水嶺になってまいります。というのは二・二六事件を契機としていわば下からの急進ファシズムの運動に終止符が打たれ日本ファシズム化の道程が独逸や伊太利のようにファシズム革命乃至クーデターという形をとらないことがここではっきりと定まったからであります。
> (「日本ファシズムの思想と運動」一九四八年)

ドイツやイタリアではファシズム運動が革命やクーデタによって国家機構を掌握したのに対し

て、日本ではもっぱら既存の国家機構が統制を強めていくという「上から」の形でファッショ化が進行した。こうして日本のファッショ化が「下から」のファシズムと切り離された結果、日本のファシズム体制は組織的な国民的基礎を十分にもつことができなかったというのが丸山の評価であった。

ヨーロッパでは民衆の能動性を喚起するようなイデオロギー的色彩が濃厚なファシズム運動がそのまま権力の座を占めたが、日本ではそのような意味でのファシズム運動は二・二六事件で挫折してしまい、国民統制の強化というシステムだけが残った。こうして丸山は二・二六事件を、ヨーロッパ型ファシズムと日本型ファシズムの分岐点として考えるようになったのだった。

昭和天皇

戦後の丸山にとって、二・二六事件は昭和天皇の評価に関わる重要な意味をもつものでもあった。

丸山は、天皇大権に関する大日本帝国憲法の規定が、その行使にあたって国務大臣や議会といった憲法上の機関によって制限されるものと、そうでないものを区別する形になっていることに着目する。

本来絶対的な天皇大権というものがあって、それを帝国憲法の条文で、これは帝国議会の協賛を要するとか、これは国務大臣の輔弼を要するとか、制限をつけている。天皇大権が完全なものという前提で、制限のないものの最大のものが統帥大権。（丸山眞男他「現代の中国と日本・『シユピーゲル』事件・『昭和天皇独白録』」一九九一年）

憲法第五条には「天皇ハ帝国議会ノ協賛ヲ以テ立法権ヲ行フ」とあり、天皇は、議会の賛成がなければ立法権を行使できない。また第五五条では「国務各大臣ハ天皇ヲ輔弼シ其ノ責ニ任ス」と規定されており、国務に関して天皇は各大臣の助言に従う。したがって国務に関する責任は大臣が負うのであり、天皇は無答責である。ところが、軍の最高指揮権である統帥権に関してはこうした制限を規定する条文は存在しないのである。

「天皇ハ陸海軍ヲ統帥ス」（第一一条）でしょ。それから「天皇ハ戦ヲ宣シ和ヲ議シ」（第一三条）でしょ。それから「天皇ハ陸海軍ノ編制及常備兵額ヲ定ム」（第一二条）でしょ。誰の「輔弼」ということは何も書いてないわけです。陸軍でいうと参謀総長――海軍では軍令部総長と言うんですけれど――の補佐を要するということは、何も書いてないんです。これが天皇が軍を親裁するという意味なんです。そのためにわざわざ書いてないわけです。（同前）

天皇がみずからの判断で軍を指揮するというのが大日本帝国憲法の建前であり、それを制限することは誰もできなかった。大日本帝国明治憲法における天皇とは、そうした存在だったのである。そして、昭和天皇が憲法の建前通りにふるまった出来事として、丸山は二・二六事件を位置づけている。

憲法上の建て前としては、参謀総長や軍令部総長も何ら権限がない。天皇が自ら決めるんです。だから比較的それに近いのが、二・二六事件でしょうね。あれは本当に天皇が決めたから。あとはみんな日和（ひよ）っちゃったから。あの時の昭和天皇はものすごく立派です。（同前）

「立派」という評価は、近代日本における政治的な決断・責任主体の欠如という丸山の議論に関わっているだろう。一九四六（昭和二一）年の「超国家主義の論理と心理」で丸山は、近代日本の天皇は伝統の権威を背後に負った存在であり、近世初期のヨーロッパの絶対君主のように「主体的自由の所有者」ではなかったと位置づけた。続いて一九四九（昭和二四）年の「軍国支配者の精神形態」では、本来、大日本帝国憲法は多元的に分立する各国家機関を天皇が統合する仕組みとなっているにもかかわらず、天皇がその役割を積極的に果たさなかったため、責任ある政治指導が行われない「無責任の体系」が現出し、対米開戦という非合理的選択がなされたと論じている。

つまり、二・二六事件における昭和天皇の決断は、対米開戦を回避することができたにもかかわらずそうしなかったものとして、開戦までの昭和天皇の行動を捉えるための参照点としての意味をもたされている。一九四六年に作成された『昭和天皇独白録』によれば、昭和天皇は、自分は戦争を止めようとしたが、憲法に規定された立憲君主の枠組みをこえる行動はとれなかったために、それがかなわなかったと述べたとされる。丸山からすればこれは、責任を回避する議論に過ぎないものであった。

3 「政治は怖い」【加藤】

学校と自宅の往復の日々

満洲事変が起きたとき、加藤は東京府立第一中学校の一年生であった。この日は一一歳最後の日だった。大学を繰り上げ卒業するのは一九四三（昭和一八）年九月であり、加藤の学生生活はすっぽりと「十五年戦争」に包まれている。ことに中学校の五年間は、日本が軍国主義への道を足早に歩んでいた時期に重なる。このような時代を加藤はどのように過ごしていたのか。

小学校のときには、放課後に「補習授業」を受けて中学受験に備えたが、そのことに疑問を覚えなかった。ところが府立第一中学校は、第一高等学校への予備校的性格が強い。そういう学校の教育方針に、年嵩(としかさ)の増した加藤は疑問と批判を抱き始めた。そして「優等生」であることから逸脱した。ほとんど脱落（ドロップアウト）した恰好だった。

のちに中学校生活を「空白五年」と表現した。話し合える友もなく、部活動にも入らず、「極度に禁欲的な家庭と軍国主義的秀才教育の模範的な学校との間を往復」（『羊の歌』「美竹町の家」）する毎日だった。時事問題について友人と意見を交わすようなこともなかった。政治的社会的問題に強い関心を抱くこともなかった。

> 私は一九三一年満洲事変のはじまった年に中学校に入り、一九三六年二・二六事件の年に中学校を出た。その間毎日私は新聞を読み、放送を聞いていたが、日本国が何処へ行こうとしているかを全く知らなかった。中学校は――少くとも中学校の社会は、大臣や財閥の理事長や青年将校とは、全く関係がなかった。彼らの一方が他方を暗殺しても、それは学期試験や運動会や夏休みというようなもっと重大な関心事の間に挿まれた小さな事件にすぎなかった。荒木陸相の息子が同級にいたけれども、彼は目立たぬ生徒の一人にすぎず、誰からも特別の扱いを受けていなかった。すべての事件は、全く偶発的に、ある日突然おこり、一瞬間私たちを驚かしただけで、忽ち忘れ去られた。井上蔵相や団琢磨や犬養首相が暗殺され、満洲国が承認され、日満議定書が押しつけられ、日本国が国際連盟を脱退し……しかしそういうことで私たちの身の廻りにはどういう変化も生じなかったから、私たちはそのことで将来身辺にどれほどの大きな変化が生じ得るかを、考えてみようともしなかった。（『羊の歌』「二・二六事件」）

このような政治的社会的事件が続出している時期に、加藤は一人の友人とも話し合う関係を結べず、「想像の世界に逃れていた」のだった。その想像の世界とは、映画であり文学であった。どんな映画を観ていたか、どんな本を読んでいたかは、すでに第3章に触れたので、ここでは繰り返さない。

父を反面教師に

幼い頃から加藤が話し相手としたのは、父信一であり母ヲリ子であった。政治的社会的事件やその動向についても、加藤は父信一から学んだ。加藤の家では、食後の団欒に、父信一が世の中に起きた事件について、何らかの意見を述べる習慣があった。

リットン調査団の報告書について、「大日本帝国の意図を歪めて解釈し、不当な圧迫を加えようとするものだ」と父信一はいい、国際連盟総会で松岡洋右代表が連盟脱退を告げて席を起った行動を「痛快この上もない」こととした。

一方、美濃部達吉の天皇機関説が批判されると、「美濃部博士の議論が理路整然としているのにくらべて、攻撃側の議員のいうことは支離滅裂で、愚劣極まるものだ」といった。観兵式に代々木練兵場に出かけ「陛下」を仰ぎ見るほどに、天皇への「崇拝」の感情は強かった。一方で二・二六事件直後のことになるが、斎藤隆夫の「粛軍演説」（一九三六年五月）を激賞するのだった。

父信一は熱烈な愛国主義者ではあったが、さりとて狂信的ではなかった。なぜならば父信一が学んだ医学に基づく実証主義的な考え方に徹底していて、それがすべての「神がかり」を信じさせなかったからである。

このような父の意見を聴きながら、加藤はそれをどのように受けとめていたのだろうか。父信一の話すことによって事態が解明された、という実感を加藤はもつことはできなかった。

あるときには、あまりに当然と思われ、あるときには、私とは別の時代に育った人の奇妙な感情的反応にすぎないと思われた。事件と事件との間の関係が、父の話を通じてあきらかになるということは、ほとんどなかった。（中略）明日がどうなるかわからぬということは、父の世界の本質そのものであった。（『羊の歌』「二・二六事件」）

加藤は父信一の専門領域における徹底した実証主義的・合理主義的な考え方が、専門外の世界ではまったく活きていないと考えた。これは父信一にのみいえることではなかった。一九三〇年代の日本の状況について「充分に考え抜いてはいなかった」と、日本の知識人に共通する弱点を見てとるのである。そのような判断をもつに至ったのは、加藤が父信一を反面教師にしたからだったといえるだろうか。

それでは加藤自身は、社会を、時代をどのように捉えていたのか、あるいは捉えようとしていたのか。父信一が事あるたびに話す意見のあいだに相互の関連性が見えないことに気づいていた。それゆえだろうか、加藤は「満洲事変以来の多くの現象の全体を、一つの方向への社会の発展として理解しようと試みた」（同上）。ここにはのちに加藤の社会認識の基本になる全体的に理解しようとする態度を見ることができる。

内幕話とうわさ話

折に触れて親類が加藤の祖父の家に集まった。そのようなとき、話題はおのずと戦争のことになる。しかし、十分な情報がないなかで、状況の全体を理解することはむつかしく、与えられた情報の欠落を補う「知られざる情報」がないと、状況に対するつじつまが合う解釈には至らない。そういうときにしばしばもちだされるのが「内幕話」と「うわさ話」である。いつの時代も、誰も知らない「内幕話」を知っている、あるいは知っているふりをする人は、「情報通」として尊敬される。かくして情報が十分に与えられない状況では、「ここだけの内幕話」が翼を得る。また世の中に「うわさ話」として、まことしやかに飛びかうことになるのである。

情報が統制され、人々に十分に伝えられなかった戦時中には、さまざまな「うわさ話」が広まっていた。「うわさ話」とは、情報の欠落を補う手段なのである。そういううわさ話を記録したのは、憲兵隊と特高警察だった（「憲兵司令部資料」「東京憲兵隊資料」「特高月報」など）。また永井荷風（ながいかふう）は『断腸亭日乗』（全七巻、岩波書店）に、当時流れていたうわさ話を記録している。ともに貴重

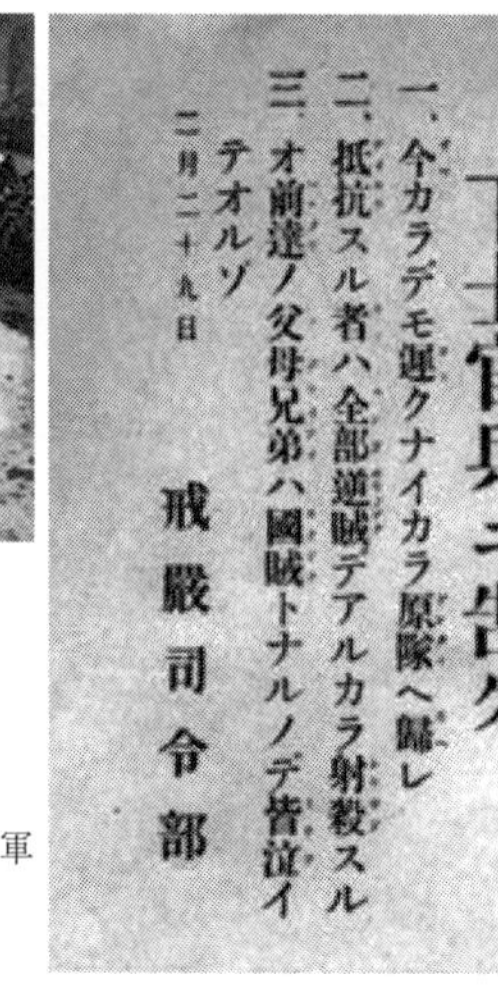

下士官兵ニ告グ

一、今カラデモ遲クナイカラ原隊へ歸レ
二、抵抗スル者ハ全部逆賊デアルカラ射殺スル
三、オ前達ノ父母兄弟ハ國賊トナルノデ皆泣イテオルゾ

二月二十九日　戒厳司令部

写真補2－2（左）警視庁中庭を占拠する反乱軍（1936年2月）
写真補2－3（右）戒厳司令部が出した布告

な歴史資料として残された。

> そうして私たちは、平和に、のどかに、戦争の話をしながらもその意味を理解せず、「おそるべき重大な」内幕話をときどき聞きながらも、「おそるべき」ことがわが身に及ぶだろうとは決して考えず、要するに善良な市民として、一九三六年二月二六日が次第に近づいてくるのを、それとは知らずに待っていたのである。（同上）

ここに描かれる様子は加藤の家のことだけではないだろう。ほとんどの家庭でも同じようであったに違いない。戦時中のことだけではない。二〇二二（令和四）年に始まるウクライナ戦争に対しても、似たようなことが起きているに違いない。

加藤は生涯を通じて、内幕話やうわさ話を信じなかった。何事も自分で確かめない限り、確信しなかったのである。人物評価についても、位階勲等などやうわさ話を評価の基準とはしなかった。

二・二六事件の衝撃

事件が起きた日の朝、加藤の家では、加藤を学校に行かせるかどうかが最大の問題で、父母ともに、その日の加藤の登校を控えさせた。当時の東京府立第一中学校は国会議事堂の近くにあったからである（写真補２－２）。

父信一は最初からクーデタには批判的であり、事件に陸軍の野心を感じただけであった。海軍が聯合（れんごう）艦隊を東京湾に集めたという情報が入ると「陸軍の思うようにことは運ばない」といって喜んだ。戒厳司令官香椎浩平（かしいこうへい）の「下士官兵ニ告グ」（写真補２－３）が出され、事件の決着が見えてきたときに、「食卓で、その放送を聞きながら、私たちは妹がもらって来た仔猫になにを食べさせて、どの部屋に寝床をつくり、どういうしつけをしたらよいかという話をしていた。失敗した反乱の結着があきらかになった瞬間から、事件の全体は、私たちにとって、もはや一匹の仔猫ほどにも現実的ではなかったのである」（同上）と綴る。『羊の歌』が自伝的小説であることを前提にいえば、ここに描かれる様子が加藤の家の実際であったとは必ずしもいえない。しかし、加藤が考えた多くの家庭での実際が描かれたとみるべきかもしれない。

それでも二・二六事件は、加藤の政治に対する態度を決定づけるほどの大事件だった。事件を起こしたことを称賛されたその一瞬あとには、手のひらを反すように「反乱軍」とされ、「国賊」とされた。その経過を目の当たりにした加藤は、政治というものの恐ろしさを身に染みて知るのだった。

もともと大言壮語（たいげんそうご）を嫌い、徒党を組んで行動することができなかった加藤に、二・二六事件によって、「政治」を好まない、という態度がつくられたともいえるだろう。しかし、同時に、「「政治」はこちらから近づかなければ、向うから迫って来る何ものかである」という認識をもった。

政治に対するこの二つの認識のあいだにあって、加藤は絶えず政治といかなる態度で向き合うかということを考え続けた。安保闘争のときにも、九条の会のときにも、それは変わらなかった。加藤は考え続けたうえで、みずからの政治的態度を決めた。こうして、生涯を通じて、権力の中枢に関与することはなかったし、政治に背を向けていっさい関心をもたない、という態度もとらなかった。

のちのち二・二六事件を振り返って次のように述べる。

> 日本の軍国主義化は、大体合法的手段をとっているので、たとえば憲法は一行といえども変わっていない。『大日本帝国憲法』のままで、しかもそれは一応合法的な体裁を整えた上で、その内部で変わっていった。だから変わり方がなし崩しなのです。

振り返ってみると、二・二六事件が転機でした。しかし、二・二六事件にしても天から降って湧いたわけではありません。皇道派の活動というのは前からわかっていたわけですから、どこでそれを止めることができたかというのはたいへん難しい問題です。

ある段階をとると、その段階では、「そんなに大したことはないだろう」と思う。一年たつと陸軍はちょっと前へ出る。大きく出たのではないから、そのぐらいなら我慢できると考える。そうするとまた次の年にちょっと先に出る。そういうなし崩しです。日本ではよく「外濠を埋める」という比喩を使いますが、もっと連続的に、無数の外濠を一つずつ埋めていくという感じです。だから阻むのが難しい。(『私にとっての20世紀』岩波書店、二〇〇〇年)

ここにある「陸軍」を「自民党政権」に置きかえれば、戦後日本の歩みに重なる。

第4章
高等学校時代

1　旧制高等学校

旧制の高等学校は、一八九四（明治二七）年の高等学校令によって高等中学校の後身として設置された、帝国大学の予科（予備教育課程）に相当する高等教育機関である。その目的は、「男子の高等普通教育を完成する」こととされた。一九二一（大正一〇）年より文科と理科のそれぞれについて第一外国語別のクラス編成がなされ、文科甲類（英語）・乙類（ドイツ語）・丙類（フランス語）、理科甲類・乙類・丙類が設けられた。

旧制高等学校には官立・公立・私立のものがあり、最終的に三五校を数えた。また、中学校修了後に進学する三年制のものと、尋常小学校修了後に進学できる中等教育課程を含む七年制のものがあった。女子の入学は戦後の一九四七（昭和二二）年まで認められなかった。そして戦後の学制改革によって旧制高等学校は新制大学に統合され、一九五〇（昭和二五）年に閉校した。

高等学校から帝国大学に進むのが近代日本における高等教育の正統的ルートであり、高等学校には国の指導的人材の育成が期待されていた。したがって入学者選抜試験の難易度と倍率は高く、入学者は同学年男子の一％未満にとどまり、ホワイトカラーなどの新中間層の子弟が中心だった。生徒のあいだでは、専門的な知識の修得よりも、自分の人格を高めるために教養を身につけることが重視され、人文・社会科学書や総合雑誌を読むことを当然視する気風が形成された。

学生寮に入る生徒が多く、寮では生徒による自治が行われたが、そこでの集団生活が旧制高等学校特有の文化の基盤となった。運動部の活動も活発で、学校間の対抗戦が定期的に開催された。

旧制高等学校の中でもっとも高い威信をもっていたのが、丸山眞男と加藤周一が学んだ第一高等学校（通称「一高」）である。丸山が在学していた時期までは東京府東京市本郷区向ヶ丘（別名「向陵（こうりょう）」、現在の東京大学弥生キャンパス）にあったが、加藤が入学する前の一九三五（昭和一〇）年に東京帝国大学農学部と敷地を交換し、東京市目黒区駒場町（現在の東京大学駒場Ⅰキャンパス）に移転した。現在の東京大学教養学部の前身の一つである。

2 「国体」との直面【丸山】

寮生活

一九三一（昭和六）年四月、丸山眞男は第一高等学校文科乙類に進学した。ドイツ語を第一外国語とする文科乙類はもっとも難しかったが、このクラスを選択したのは、語学が好きだったからである（写真4－1）。

一高は原則として全寮制であり、丸山も東寮一二番から中寮一番を経て朶寮四番へと移りながら、一中以来の友人たちの他、小山忠恕（義兄）、猪野謙二（文芸評論家）、村本周三（第一勧業銀行頭取）、石井深一郎、明石博隆（編集者）、江頭彦造（詩人）、堀米庸三（西洋史学者）、宮地健次郎（朝日新聞記者）、亀田喜美治（農林省勤務）らと交友関係をもった（肩書はいずれも後年のもの）。

写真4－1　高等学校時代の丸山（後列左端、丸山彰氏提供）

寮では学生の自治が認められていたが、「ファッショ」が流行語になるほど右傾化した社会情勢と、それに対抗する形で学生たちのあいだに流行していた左翼思想の影響を受けて、寮生活は殺伐としたものとなっていた。寮には「瑞穂会」と「昭信会」という二つの右翼学生のサークルがあった。このうち「昭信会」は著名な右翼活動家の蓑田胸喜とつながりがあり、丸山と府立第一中学校で同級だった小田村寅二郎がのちに入会している。

左翼学生の砦は弁論部と文芸部だった。ただし、対立

写真4－2　丸山眞男・村本周三『委員会・総代会記録』ノート（丸山文庫草稿類資料49-1）

はこうした右翼学生と左翼学生のサークルのあいだではなく、ボート部を中心とする運動部・一般学生と左翼学生のあいだで主に生じた。寮生総会にあたる寮総代会ではたびたび激論が交わされ、雄弁な左翼学生は議論を優位に進めたが、原則全員入寮の一年生は「向陵の伝統」に弱く、総代会での多数決では大抵一般学生派が勝利した（写真４－２）。

丸山が東寮から中寮に転じたのは、厳しい寮内対立に嫌気がさしたことも原因であった。ところが丸山自身もやがてこの対立に巻き込まれることになる。丸山が寮委員会の庶務衛生委員を務めていた二年生のとき、総代会でストームの禁止が提案された。ストームとは下級生の部屋に上級生が押し入り、乱暴狼藉を働く習慣である。下級生たちは上級生のストームのあいだ、正座していなくてはならないため、不満の元となっていた。

ストーム禁止案は可決されたが、その数日後にボート部部員が大規模なストームを行い、この件に関連して暴行事件が発生した。委員会は暴行した学生の退寮処分を可決したが、このことは丸山にとって非常に大きな傷となった。退寮処分は厳し過ぎると思いながらも、副委員長の雄弁に押されて退寮処分に反対できなかった自分が、社会に出て決断できるのかという自己懐疑に陥ったのである。

丸山は、「学問というのは決断をしなくていい。無限のプロセスだから。その時の経験で、自分が社会に出て決断する立場になったら、自分は臆病だから、どういう間違いをするかわからない。研究者になれば学問の論文だから、イエスかノーかはっきりしなくてもいい」と考え、研究者の道を考えるようになった（『定本 丸山眞男回顧談』上）。

もちろん、自治寮生活は暗いことばかりではなかった。二年生のときには文科乙類の学生を中心に結成された「ドイツ文化研究会」に参加した他、同寮の有志とともにホッケー会を創設した。当初は部として認められなかったが、部屋を与えられ、ホッケー会の同志とともに朶寮四番に移った。

丸山によれば、中学まではほとんど同質的な者が集まっていたのに対し、全国から学生がやってくる高校は異質な要素の集合という面があったという。多様なバックグラウンドや価値観をもつ学生が寮自治の中でぶつかり合い、秀才は鼻をへし折られていく。丸山が一高で学んだのは、学校の成績や頭の良さは人間の能力や価値のほんの一部に過ぎないことであった（丸山眞男他「丸山先生を囲んで」一九六六年）。

共産主義と「国体」のあいだ

コミンテルン（第三インターナショナル）の日本支部として創立された日本共産党は、コミンテルンの指導の下に日本の君主制（天皇制）の廃止、つまり「国体」の変革を主要な活動目標の一つとしていた。共産党の下部組織が浸透していた一高でも、寮の便所に「天皇制打倒」の落書きがなされることがあったが、これを目にした丸山は生理的ともいうべき不快感を覚えたという。

　高校時代にはデボーリンやブハーリンといったマルクス主義者の著作にも触れていたが、もっとも傾倒したのはヴィンデルバントやリッケルトといった新カント派の哲学者たちであり、共産主義に共感を寄せていたとはいいがたい。また、教育勅語などを通じて「学校でつめこまれるドクトリンとしての国体」に対しては中学校時代から反発していたが、張作霖爆殺事件に関連して田中義一を詰問するといった昭和天皇の態度を父幹治から聞かされていた丸山は、天皇の立場が、当時「軍部ファシズム」の攻撃対象となっていた重臣たちと同じ「リベラリズム」であることを察知していた。

　敗戦までの丸山は、「リベラル」な天皇制のゆるぎない信者であり、忠君愛国教育から解放されて一挙に非合法な左翼運動に飛び込む同窓の学生たちを、むしろシニカルに斜めから眺めていたのである。

　他方で、官憲の手は着実に丸山の周囲に迫っていた。丸山が二年生だった一九三三（昭和八）年の八月には、日本共産党の青年組織である日本共産青年同盟の宇野脩平を含む朶寮五番の四人が一斉検挙された。このときはホッケー会に所属して四番にいた丸山は無事であった。

　時あたかも日本共産党幹部の佐野学と鍋山貞親が獄中でコミンテルンの方針の誤りを認め、「国体」を受け入れ、一国社会主義への方向転換を表明したことを受け、共産主義運動からの

「転向」が加速していた。三年生の第一学期には小山忠恕が検挙されて無期停学となり、代わって丸山が文科乙類の首席となった。この珍事に塙作楽は「まっさんトップになり、寮内ために震撼す」との賛語を献呈したという。丸山が所属していた文科乙類のクラス四〇人のうち、検挙された者は三年間で八人にのぼった。

こうした思想統制の手段となったのが治安維持法であった。同法は共産主義の主張である私有財産制度の否定や、万世一系の天皇が統治するという日本の「国体」の変革をめざす結社のメンバーや協力者を処罰するものであり、その矛先はやがて丸山にも向けられていく。

写真4－3　第一高等学校アルバムより（丸山彰氏提供）

教師

丸山が親炙した一高の教師としては、まずドイツ語の菅虎雄が挙げられる。大学でドイツ文学を専攻しようと考えていた丸山が法学部政治学科に進路を変更したことには、父の忠告とともに、菅の数時間にわたる説諭も影響したという（写真4－3）。

また、加藤周一も習った片山敏彦（ドイツ文学）の『ファウスト』講義に感銘を受けた。他に丸山の回顧に登場するのは、立沢剛（ドイツ文学、文芸部長）、ブルーノ・ペツォルト（ドイツ語、夫人は東京音楽学校教師ハンカ・ペツォルト）、竹田復（漢文学）、長沢規矩也（中国文学）らである。

長沢の授業は白文の『韓非子』がテキストだった。現代中国語も習ったが、発音を省略し、文法が中心だったという。

丸山文庫に収蔵されている高校時代の受講ノートとして、須藤新吉「論理学」「心理学」、出隆「哲学」、斎藤阿具「世界史」、マックス・アペル「哲学概論」がある。

当時、左翼運動の高揚に直面した文部省は、共産主義・左翼運動への傾斜を防止する思想統制のために「思想善導」政策を展開し、各校に思想善導委員を派遣した。一高では蠟山政道や高田保馬が講演を行ったが、丸山たちは彼らを「御用学者」と呼んでまともに取り合わなかった。

読書・映画・音楽

政治運動の波は一高学生寮にも押し寄せていたが、丸山はそれとは一線を画し、学生時代を満喫していた。高校入学とともに岩波文庫を手にとり、『罪と罰』『クォ・ヴァディス』などを面白く読んだという。『万葉集』、若山牧水、島崎藤村、北村透谷の歌集を枕頭の書とし、吉川英治の『鳴門秘帖』や白井喬二の『富士に立つ影』などの大衆文学にも親しんでいた。また、日本史よりヨーロッパ史に興味をもち、坂口昂『概観世界史潮』を繰り返し読んだ。

しかし、高校時代の丸山は文学青年というより映画青年だった。外国語の勉強という建前で洋画のトーキー作品を見漁った。『巴里祭』『制服の処女』『会議は踊る』『自由を我等に』『地獄の天使』など、今でも映画祭で上映されるような傑作に触れたのはこの時期である。マレーネ・ディートリッヒをひいきの女優とし、一中卒業生の同人誌『四平会会誌』創刊号に「ディートリッヒを語る」という一文を寄せている。

熱烈な映画青年だった丸山が意識せざるを得なかったのが、当局による検閲だった。『西部戦線異状なし』や『戦艦ポチョムキン』『三文オペラ』などは検閲によってフィルムがカットされた状態で上映されていた。このことは逆に、カットされた部分への関心を高めることになった。たとえば『西部戦線異状なし』の場合、海外研修先でノーカット版を観た級友の感想からカットされた箇所の存在を知り、そのシーンに興味を寄せている。また、左派的な傾向を帯びた「傾向映画」にも触れており、特にソ連映画とワイマール期のドイツ映画には高い芸術性を感じた。ほぼノーカットで上映されたソ連映画の傑作『人生案内』（一九三一年）を有楽町の「邦楽座」で観た際の出来事を、丸山は次のように回想している。

幻灯字幕のなかに、「ソ連邦には一人の浮浪児あらしめてはならぬ――レーニン」という文字が写し出されたとき、真暗な観客席のそこここからパチパチと拍手が起ったのは、まことに印象的だった。むろん臨監の警官も後方のきまった席にいたにはちがいないが、何しろ闇の中なので誰が拍手したかは見分けがつかない。また、それを狙っての意識的な拍手であった。これ

も現代では想像も困難な戦前の精神的空気を伝える小さなエピソードといえよう。(「映画とわたくし」一九七九年)

丸山は政治運動とは距離を置きつつも、芸術作品に表れた「抵抗」の精神と、それを抑圧する政治権力を二つながらに意識せざるを得なかったのである。

一高での寮生活は音楽の趣味も変化させた。中学校時代は「君恋し」「波浮(はぶ)の港」などの歌謡曲を好んでいた丸山だったが、一高に数多いた「クラキチ」(クラシック狂い)の影響を受けて、クラシックを聴き始めるようになった。丸山のクラシック趣味は生来の鳴り物好きと旧制高校的教養主義の混合物であった。筋金入りの「クラキチ」だった小山忠恕にならい、楽譜を手にしながら聴くのが常であったという。

丸山の洋楽趣味は、兄鐵雄の影響でハモニカから入った点が独特である。同世代や下の世代は旧制高校のスノビズムと洋楽が結びついており、だいたいにおいて高級なものに最初から入るなか、丸山はまずポピュラーなものに触れていた。それが非常によかったと思うと丸山は回顧している。

兄貴の影響で、非常にポピュラーなもの、「森の鍛冶屋」とか海軍軍楽隊とか、武蔵野館の休憩時間に流れる有名な「カルメン前奏曲」とか、そういうのばっかり。なかなかベートーヴェンまで行かない。非常に手間がかかった。無理にわかろうとしないから、よかったと思います。

（『定本　丸山眞男回顧談』上）

検挙体験

一九三三年四月一〇日、三年生に進級した直後の丸山は、長谷川如是閑が会長を務めていた唯物論研究会の講演会を聴きに行った。会は開始後まもなく警察によって解散させられたが、会場で目をつけられていた丸山は退場の際に治安維持法違反容疑で検挙され、本富士署に勾留されてしまう（写真4－4）。

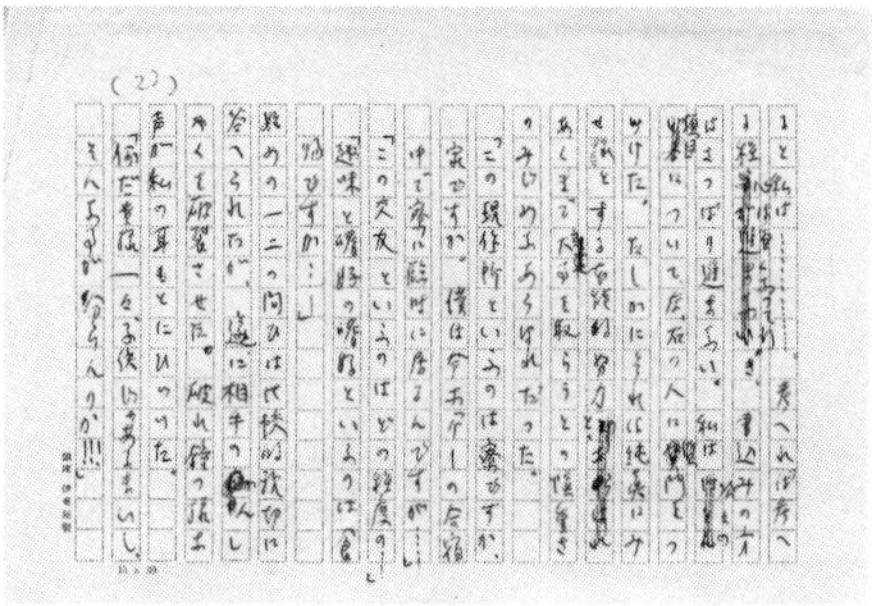

留置場では、収容者に無造作に振るわれる暴力を目の当たりにした。東大生や一高生に対するものはもっとも軽い部類だったが、独立運動に参加している朝鮮人は取り調べごとに半殺しの目にあっていた。丸山もまた暴力の対象となった。ドストエフスキー『作家の日記』の一文「私の信仰は（神の存在に対する）懐疑のるつぼの中で鍛えられた」から想を得て、日記帳に書き記していた「果して日本の国体は懐疑のるつぼの中で鍛えられているか」という文が、君主制（天皇制）を否定するものとして見咎められた。日本の天皇を否認するも

写真4－4「一高時代　1933年の手記　4月10日の手記」（丸山文庫草稿類資料517-4）

のではないといいかけるやいなや、「弁解する気か」と殴られたのである。

丸山にはかねてより、日本の「国体」がキリスト教のように「懐疑のるつぼ」で鍛えられる経験もなく、ただ頭ごなしに信仰として押しつけられるのはいかがなものか、という疑問があったが、まさにそうした懐疑は暴力によって有無を言わさず押し込められた。否定をくぐらない肯定によって「国体」は支えられていたのである（「昭和天皇をめぐるきれぎれの回想」一九八九年）。

「当時の私には「国体」を否認する考えなど毛頭なかった」と語る丸山自身、否定をくぐった肯定という形で「国体」にコミットしていたとは言いがたいであろう。むしろそこに「国体」がもつ浸透力の源泉がある。一九五七（昭和三二）年の講演「思想と政治」で丸山は、「国体」の強制力のあり方を、「空気のように目に見えない雰囲気」であったと述べている。それは実質的に国民の思考に枠をはめているが、その中に住んでいる国民の大多数は、空気と同じようにほとんど強制力として意識していない。しかし、このときの丸山のように枠から逸脱した者に対しては、「国体」の強制力は固体化して襲いかかる。

勾留中、丸山は自分のだらしなさを思って涙を流したというが、これは、「国体」を否認する主体的なコミットメントをもっていなかったことによる面もあるだろう。それまでは空気の中で生きてきたため、内面的な確信をもって自分の立場を選びとることをせずに済んできたのである。

ここで自覚された問題に応答がなされるのは検挙から一二年あまりのち、敗戦から半年間も思い悩んだ末のことであった。その結論は、「天皇制が日本人の自由な人格形成——みずからの良心に従って判断し行動し、その結果にたいしてみずから責任を負う人間、つまり「甘え」に依存するのと反対の行動様式をもった人間類型の形成――にとって致命的な障害をなしている」というものだった（「昭和天皇をめぐるきれぎれの回想」）。

その後

丸山が勾留されたのは数日間だったが、釈放後一週間もしないうちに学校から呼び出され、学校の幹部からクラスの思想傾向について尋問を受けた。思想統制を担う特別高等警察（特高）は学校と連絡をとっており、大学に入っても学生課から呼び出され、学生主事の説教を受けた。また、折に触れて特高に呼び出されるようになり、大学二年生のときには突然自宅に特高刑事が来たために、検挙されていたことが母に知られてしまった。大学卒業後は助手に採用されて大学組織に守られるようになったが、今度は憲兵につきまとわれ始める。現役を退いた在郷軍人や徴兵検査に合格しながら徴集されなかった者を対象とする簡閲点呼（かんえつてんこ）の際には、この日だけは軍の指揮下に入るため、一人残されて尋問されたという。

敗戦後に特高と軍が解体されるまで、丸山は左翼組織に関わりがあるという疑いをかけられて思想犯予備軍のブラックリストに入れられ、継続的な監視の対象となった。丸山の見立てでは、関与の痕跡が何も出てこないので、余計に怪しまれたのだと思われる。定期的な尋問は、「お前はどこにいてもちゃんと見ている」ということを言外に示しており、丸山をいやな気持ちにさせるものであった（「一月一三日　丸山眞男先生速記録」一九五九年）。

敗戦までの丸山の著作や行動を考える際は、このような負荷が常に重くのしかかっていたことを念頭に置いておく必要がある。「何か論文一つ書くにも突っ込んで書こうとすると、ここでどうかなあと思って、一歩手前で逡巡するというあの気持、あれはほんとうにいやだったな」。あらゆる行動が、もしかすると検束されるかもしれないという想定から割り出されてくるようになる。東京帝国大学法学部助手への採用が決まり、師の南原繁から「順当に事が運べば君を〔法学部の〕スタッフの一人としたい」と切り出されたとき、丸山は高校時代の検挙体験を明かし、「将来のことは自分としては考えていない。助手になっても万一にも法学部に迷惑をかけることがあったらすぐ辞表を書く」と答えた（「南原先生を師として」一九七五年）。

監視の目から解放された戦後になって丸山は、国家権力が人間の精神の内面に土足で入り込んでくるという検挙とその後の体験をもとに、その名が広く知られるきっかけとなった論文「超国家主義の論理と心理」（一九四六年）を執筆した。近代日本の国家権力は天皇の精神的権威によって被治者の服従を確保していたため、権力を行使してでも被治者の内面においてこの権威を認めさせることにその存立がかかっている。その結果、精神的なものを含めてあらゆる価値が、権威と一体化した権力に従属してしまい、独立の存立根拠をもたず、それを自由に追求することには制約が課されることになる。

天皇の権威によって価値規準が定められているため、自分自身の判断で価値を選び取り、それに基づいて自分の責任において行動していく主体が成立しない。このように近代日本の精神構造を批判的に対象化する作業は、近代天皇制の存在を自明のものとしていた、つい昨日までの自分に対する必死の説得でもあったのである（「昭和天皇をめぐるきれぎれの回想」）。

3　言挙げする少数派【加藤】

理科乙類に入学

一九三六（昭和一一）年四月、加藤は第一高等学校理科乙類に入学する。ときに一六歳であった。「理科乙類」とは、理系でドイツ語を第一外国語とするコースである。なぜ理科乙類を選んだのか、加藤は何も書き残していない。小学生のときから理科が好きで、当然の如くに理科を選び、乙類を選んだのだろうか。あるいはこのときは父親に倣い、医学を志していたのかもしれない。

第一高等学校は目黒区駒場に移転したばかりであり（移転は一九三五年）、学校は渋谷駅に近い。渋谷・美竹町に住まいした加藤には、自宅から学校までは指呼の間にあり、徒歩で通える距離にあった。だが、旧制高等学校は全寮制を採り、すべての学生が寮に住むことを原則としたので、加藤も寮生活を送ることになる。課外活動では、庭球部と映画演劇研究会に所属。庭球は当時日本選手が国際的にも活躍した時代で、人気競技でもあり、祖父の庭にしつらえられた庭球場で、

写真4－5　第一高等学校入学時に撮られた記念写真、三列目右端が加藤、無帽は二人だけ。集合写真ではほぼ端に位置するのを習いとする（1936年）。

加藤は中学生の頃から楽しんでいた。それ以来、高齢に至るまで庭球は加藤が唯一楽しんだ運動競技である。映画も祖父に連れられて小学生の頃から観ていて、これまた晩年になるまで楽しんだものである（写真4－5）。

寮生活と庭球部

寮は学生の自治により運営され、寮生のあいだには「一種の民主主義」と「一種の個人主義」があった。しかし、それは「人間平等」の観念と結びついていたわけではなかった。そうではなく、みずからを「選良」（エリート）とする特権意識に裏打ちされていた。それは「栄華（えいが）の巷（ちまた）」を低く見る意識となって表れていた。「選良」のもつ合理主義もあるにはあったが、それ以上に

写真4－6　庭球部の部員とともに、後列右端が加藤

「一種の精神主義」が強かった。ことに運動部にその傾向が強く、運動部の部員にだけ適用される規則があり、それは独特の精神主義と結びついていた。

毎年行われる一高と三高の対抗戦の前の全寮集会では、「野球部は絶対に勝つ」「庭球部は絶対に勝つ」という決意が表明され、寮生は「ようし」と声を揃えて応じた。この「ようし」は戦後の学生運動や労働運動にも聞かれた合言葉である。このようなことばは「護符」であり、誰も本気には信じていなかったに違いない。加藤はそういう態度や行動は知的選良にふさわしくないと「異議申し立て」した。大勢順応派からすれば「なんと大人気ない」行動と映ったに違いない。またしても加藤は少数派もしくは孤独を意識せざるを得なかった（写真4－6）。

寮生たちのあいだには、一方には「夜を徹した議論」があり、他方では「ノー文句」と「不言実行」がよしとされていた。「夜を徹して議論する」のは些事(さじ)についてであり、「ノー文句」すなわち「批判はするな」といわれるのは、組織にとって重要な問題についてであった。このような使い分けは、今日でも多くの組織や集団でみられることだろう。

また懇親(こんしん)のための「コムパ」があった。「コムパ」ではしばしば酒が出されたが、酒に酔って日頃の不平不満を出すこと、つまり「内心の吐露」が大事だとされた。「内心の吐露」や上層部の批判・悪口も一定程度は認められた。しかし、これは集団の意思の統一を図るための手段であり、要するに「ガス抜き」である。「コムパ」を通して、少数意見を表明することはできても採用されることはなく、結局は上層部があらかじめ決めていた方針に「全員一致」で導かれることになる。

「たまには馬鹿になれ」ということもよくいわれた。だが加藤は「普段いつでも馬鹿であり得るかもしれないという考えは、まったく浮かばなかったようである」（『羊の歌』「駒場」）と皮肉を述べる。このような習慣になじめない加藤は、寮から抜けることまではしなかったが（それは退学を意味する）、三年生になったときに庭球部を退部した。かくして一高の寮生活は、身をもって日本社会の「集団主義」を経験したということでもあった。

感銘を受けた授業

加藤がどんな講義を受けたのか、その全体はわからないが、記憶に残った何人かの講義について『羊の歌』「駒場」の章に触れる。ドイツ語講読は哲学の岩元禎（いわもとてい）に習った。岩本は「日本十大奇人学者」に数えられ、採点の厳しいことでも知られ、秀才の誉（ほま）れが高かった和辻哲郎（わつじてつろう）も赤点をもらったという。夏目漱石『三四郎』の広田先生のモデルとされ、「大いなる暗闇」と形容される。岩本の言動は加藤にはよくわからなかった。仏教学のペッツォルトのドイツ語作文の講義も学生とはすれ違いに終わった。仏教学者となった中村元はペッツォルトの講義に感銘を受けた。のちに日本仏教史を勉強した加藤は、ペッツォルト教授から何も学べなかったことを悔んだ。しかし、感銘を受けた講義や教授が皆無だったわけではない。

写真4－7（左）片山敏彦。写真4－8（右）矢内原忠雄

その一人は片山敏彦教授だった（写真4－7）。

写真4－9　横光利一

片山は教材に独語版のベルクソン『形而上学序説』を用いた。そしてベルクソンとその考えを説明するのに、英独仏やインドの詩人や哲学者を引き合いに出した。片山が「星たち」と仰ぐ人たちだった。それはロマン・ロラン、シャルル・ヴィルドラック、ノヴァーリス、リルケ、ネルヴァル、オルダス・ハックスリ、そしてインドのタゴールやヴィヴェカナンダたちだった。片山が紹介した「星たち」の世界への探検に乗り出そうと考え、加藤は「三日に一冊、年に百冊の翻訳書を読むこと」を決心し、それを実行した。このうちの何人かについては、敗戦直後に論じることになる。

もう一人は五味智英教授だった。五味はのちに『万葉集』研究の大家になる学者である。当時は東京帝国大学国文学科を卒業し、一高に赴任したばかりだった。五味が受け持った『万葉集』の講義に、中村真一郎、大野晋、小山弘志らとともに受講した。そして歌の「一言一句をおろそかにせず、正確でありうる限度まで正確であろうとする態度」に感銘を受けた。五味が指導する「万葉集輪講」にも参加した。『万葉集』は加藤が本格的に読んだ最初の古典文学である。

もう一人は矢内原忠雄であり、「社会法制」という講義を受けた。矢内原は「議会民主主義の最後の日に、その精神を語ろうとされた」。加藤は講義を聴きながら「精神的な勇気と高貴さとが何であるか」を知った。『中央公論』（一九三七年九月号）に発表した軍国主義批判「国家の理想」が批判され、矢内原は辞任も覚悟していたに違いない。矢内原は「国家の危機」を若者へ訴えたのである。そして一九三七（昭和一二）年一二月に東京帝国大学を追われるように去った（写真4－8）。

感銘とはいえないが、衝撃を受けた知識人もいる。中村真一郎らが立ち上げた「一高国文学会」に加藤も参加し、作家横光利一を「座談会」に招いた。横光は人気絶頂の大流行作家だった（写真4－9）。ところが横光の話は、「ヴァレリーも禊をしている」などといい、さっぱり訳がわからなかった。当時、横光は国粋主義的な神道家川面凡児の唱える古神道に影響を受けて、川面の論を祖述したのだと思われる。川面はさまざまあった禊の方法を統一し、世界の宗教は二〇〇〇年後には日本の古神道に統一されるのだと唱えていた。川面の宗教理論の中心に禊があった。

加藤たちは横光と論争となり、横光を完膚なきまでに論破することとなった。その中心に加藤がいて、水際立った論を展開したという。

その論争のことは、弁護士にして詩人の中村稔ら後輩たちにも伝わる「語り草」となった。脆弱な論理しかもたない日本の知識人の姿に衝撃を受けたのである。それは横光個人の問題ではなく、日本浪曼派や京都学派にも共通する、と加藤は理解した。

ただ、この座談会について、加藤は『羊の歌』で第一高等学校時代のこととして述べているが、原田義人が書いた「SOUS RIRE　回想の横光利一氏」（『文藝』河出書房、一九四八年四月号）によれば一九四〇（昭和一五）年のことだという。律儀な原田の述べるところに従えば、加藤が浪人中か大学一年生のときのことになる。

親交を結んだ友たち

府立第一中学校時代の加藤には友人との親交はほとんどなかったが、第一高等学校時代の加藤は、のちの加藤自身を決定するほどに大事な友人との出会いがあった。中村真一郎と福永武彦は終生の親友となった。中村、福永とは大学時代に「マチネ・ポエティク」を始めるが、そのことは大学の章で述べる。大野晋と小山弘志はのちに大学者になるが、加藤の日本文学史研究のうえで強力な精神的支援を与えた。作家小島信夫や鷗外研究で知られる長谷川泉も、文芸部委員を務めるなかで知己を得た。

原子物理学の垣花秀武からは、量子力学、およびトマス・アクィナスをはじめカトリックの論理を学んだ。こうして加藤はカソリック神父の岩下壮一や倫理学の吉満義彦の著作を読むことになる。中西哲吉は資質が加藤とよく似ており、その才能を高く評価した畏友であり後輩である。

映画演劇研究会

映画演劇研究会に所属したことは加藤自身も書いているが、研究会としてどんな活動をしていたかについては、何も記していない。

加藤は祖父に連れられて映画を観に行ったことは第1章にも触れた。終生映画を好んだが、一高時代の加藤が観た映画に、どんなものがあったか。立命館大学院生福井優の丹念な調査によれば（二〇二〇年の共同企画展示「我を人と成せし者は映画――加藤も丸山も映画大好き！」）、以下のような映画を観ている。

一九三六（昭和一一）年には『ゴルゴダの丘』（J・デュヴィヴィエ監督）、翌一九三七（昭和一二）年には『地の果てを行く』（同）、『我等の仲間』（同）、『オペラハット』（F・キャプラ監督）、『ミモザ館』（J・フェデー監督）、『新しき土』（A・ファンク、伊丹万作監督、日独合作映画）、『どん底』（J・ルノワール監督）。

一九三八（昭和一三）年には『鎧なき騎士』（J・フェデー監督）、『冬の宿』（豊田四郎監督）、『泣虫小僧』（同）、『にんじん』（J・デュヴィヴィエ監督）、『舞踏会の手帖』（同）、『綴方教室』（山本嘉次郎監督）、『牧場物語』（木村荘十二監督）、『路傍の石』（田坂具隆監督）。

一九三九（昭和一四）年には『望郷』（J・デュヴィヴィエ監督）、『素晴しき休日』（J・キューカー監督）、『ブルグ劇場』（W・フォルスト監督）、『土と兵隊』（田坂具隆監督）。

加藤が観た映画の大半は洋画である。なかでもジュリアン・デュヴィヴィエ監督の映画は「全部見た」というように、加藤のお気に入りの監督だった。また、実妹本村久子は「封切られる映画のほとんどすべてを観ていた」と証言するが、加藤は日本公開されるとすぐに観ていたこともわかる。巻末の年表を見れば、丸山と加藤がともに観た映画がいくつもあることがわかる。

写真4－10（左）六代目尾上菊五郎。写真4－11（右）一五世市村羽左衛門

映画評は、第一高等学校時代から晩年に至るまで、折にふれ書き続けた。一高時代に発表した映画評はすべて『向陵時報』に寄稿したものである。『ゴルゴダの丘』（一九三六年一二月一六日）、『新しき土』（一九三七年二月一八日）、『鎧なき騎士』（一九三八年二月一日）、『冬の旅』（一九三八年一〇月一八日）の批評を書いた。今日の映画評でさえ、多くはストーリー批評に終わっているが、加藤の映画評は、たとえば「映画評「ゴルゴタの丘」」（鷲巣力『加藤周一を読む』に全文紹介）のように、早くから映像批評として書かれていることに驚かされる。

歌舞伎座と築地小劇場

映画館だけではなく劇場にも通った。通った劇場は歌舞伎座と築地小劇場が多かった。歌舞伎座では主として「一幕見」で観た。六代目尾上菊五郎（写真4－10）、一五世市村羽左衛門（写真4－11）、初代中村吉右衛門（写真4－12）ら名優たちの活躍した時代であり、彼らの「芸」に加藤は酔った。「科白の意味などはどうでもよかったし、いわんや芝居のすじは問題ではなかった」と述べている。一方、築地小劇場で観た芝居には「科白の意味があり、登場人物の性格や立場や心理があった」。要するにドラマトゥルギーを楽しんだ。

観た芝居には、『どん底』（当時の外題は『夜の宿』、ゴーリキー原作）、『桜の園』（チェーホフ原作）、『北東の風』（久板栄二郎原作）、『火山灰地』（久保栄原作）、『アンナカレーニナ』（トルストイ原作）、『土』（長塚節原作）、『キノドラマ新選組』（キノドラマとは芝居の一部に映画を取り入れた上演方式である）、『春香伝』（李氏朝鮮時代の説話）、『秋水嶺』（内村直也原作）、『釣堀にて』（久保田万太郎原作）などがある。

なかでも『北東の風』と『火山灰地』は築地小劇場時代、プロレタリア演劇運動時代の頂点をなす作品として知られる。加藤は築地小劇場について「反時代的な精神において舞台と観客のあいだに一種の暗黙の了解が感じられた」と記している。「舞台と観客席との一体感」は丸山も実感していた。その一種の連帯感の経験が、のちに『富永仲基異聞消えた版木』（かもがわ出版、一九九八年）という戯曲を書かせる動機になった。

写真4－12　初代中村吉右衛門

このように歌舞伎と新劇の両方を観ているのだが、

『アンナカレーニナ』『土』『キノドラマ新撰組』『春香伝』『黴』『火山灰地』『秋水嶺』『釣堀にて』の劇評を書いた。しかし、歌舞伎評は一つも書いていない。また、一高時代に加藤は能・狂言をまだ観ていない。能・狂言を観るのは大学に入ってからのことである。文楽については、まったくどこにも触れていない。

『向陵時報』、『校友会雑誌』、そして『青春ノート』

東京府立第一中学校時代、『学友会雑誌』に何も寄稿しなかったことはすでに述べた。加藤の「執筆活動」は第一高等学校時代の『向陵時報』に始まる。四点の映画評と八点の劇評、三点の小説（「小酒宴」一九三八年一月一七日、「熱川にて」同年五月三〇日、「こんな男」同年九月二〇日）、詩歌二点（「アドバルーン」「童謡を唱った青年」一九三八年一一月一一日）と評論一点（「戦争と文学とに関する断想」一九三九年二月一日）を寄稿した。「小酒宴」は宴会など日本社会に根づく習慣に対する揶揄（やゆ）があり、「戦争と文学とに関する断想」は反戦の立場からの文学者、知識人＝インテリの役割を論じた作品であり、いずれものちの加藤を彷彿（ほうふつ）とさせるものがある。

三年生のとき、文芸部委員となって他の三人の文芸部委員とともに『校友会雑誌』の編集にあたる。そして同誌に三つの小説（「正月」一九三八年二月、「従兄たち」同年六月、「秋の人々」同年一一月）と「編輯後記」を寄稿した（写真4－13）。三つの小説はいずれも加藤の身辺に起きたことを題材にしている。

写真4－13（左）『校友会雑誌』、加藤が寄稿した三号（立命館大学平井嘉一郎記念図書館所蔵）
写真4－14（右）8冊の『青春ノート』（立命館大学平井嘉一郎記念図書館所蔵）

親友中西哲吉の書いた小説をめぐる筆禍（ひっか）事件が起きた。文芸部長沼澤龍雄（ぬまざわたつお）が中西の作品の『校友会雑誌』への掲載を認めず、中西も改稿に応じず、原稿を取り下げ、新たな作品へ差し換えることとなった。このときの加藤の編集後記は、中西の作品を褒めたたえ、沼澤部長に対する皮肉たっぷりの文を書いた（『校友会雑誌』三六四号、一九三八年一一月）。これもまたのちの加藤を思わせる。

執筆活動と並行して「ノート」（写真4－14）を一九三七（昭和一二）年末から採り始めた。このノートには順不同で、小説、詩歌、日記、評論、読書ノートなどが記される。そのなかのいくつかは発表作品の草稿として書かれた。全八冊ある「ノート」は『青春ノート』として加藤周一文庫デジタルアーカイブで公開し、その抄録が人文書院から『加藤周一　青春ノート』（二〇一九）として刊行されている。

『青春ノート』を繰ると、加藤の読書生活の一端が垣間見える。一高在学時代のノートは「ノートⅠ」から「ノートⅣ」までである。この四冊に記された読書の記録や加藤の作品を読むと、当時の加藤が何に関心を抱いていたかが見えてくる。

それは、第一に詩歌や小説である。おそらく加藤は詩人か小説家になろうとしていたように思われる。第二に「フランス文学」。芥川に導かれてフランス文学の森に分け入ったことを示す。第三に日本の詩歌、ことに鎌倉時代の詩人――藤原定家(ふじわらのさだいえ)とその弟子 源 実朝(みなもとのさねとも)などへの関心が深かったことを物語る。

以下数は少ないのだが、第四に「戦争」である。加藤の青春時代は戦争とともにあり、ヴィットコップ編『ドイツ戦歿学生の手紙』、カロッサの従軍日記『ルーマニヤ日記』、レマルク『西部戦線異状なし』、そして石川達三(いしかわたつぞう)『生きてゐる兵隊』や火野葦平(ひのあしへい)『麦と兵隊』などの戦争文学を読んだ。

石川達三の「生きてゐる兵隊」は、『中央公論』一九三八年三月号に発表された作品で、南京虐殺を示唆する叙述がある。そのために配本の翌日に発売禁止とされた。ほとんど人の眼に触れることなく消え去り「幻の名作」のようにいわれていた。加藤は首尾よくこれを入手し、感想を綴った。一般的には反戦的作品と受けとられていたが、加藤は「反戦的だと断ずるのは早計だろう」と結論する。一方、火野葦平「麦と兵隊」に関しては、戦争の事実を書いていると評する。「戦場にある人間の精神や肉体も又事実である。国民はさう云ふ事実を知りたいために戦争文学を読むのである。（中略）事実を知ろうとする欲求は生活を考へることの土台である」と述べる（『加藤周一　青春ノート』人文書院、二〇一九年。ことに『生きてゐる兵隊』に関する半田侑子の註参照）。

第五に「インテリ＝知識人」のあり方を考えたことである。小林秀雄（こばやしひでお）を読み、ポール・ヴァレリーから学んだ。これらの主題を加藤は生涯もち続けた。第一高等学校時代の加藤には早くも「加藤周一」が芽生え始めていたといえるだろう。

第5章
大学時代

1　帝国大学

丸山眞男と加藤周一が卒業した東京帝国大学は、一八八六（明治一九）年の帝国大学令に基づいて設置された三年制の高等教育機関である帝国大学の一つである。帝国大学にも適用された一九一九（大正八）年施行の大学令によって「国家に須要（しゅよう）なる学術の理論及応用を教授し並（ならびに）其の蘊奥（うんおう）を攻究（こうきゅう）する」ことが目的とされ、同時に分科大学制から学部制に移行した。

帝国大学は最終的に東京、京都、東北、九州、北海道、京城（ソウル）、台北、大阪、名古屋の九校が置かれたが、京城と台北を除いて一九四九（昭和二四）年に四年制の新制大学に移行した。

一九一三（大正二）年から翌年にかけて京都帝国大学で発生した沢柳（さわやなぎ）事件を機に、教授会による自治が慣行として認められるようになった。だが、一九三三（昭和八）年の京大事件（瀧川事件）によってこの自治の維持は困難となり、その後、学外からの圧力を受けて思想信条を理由に教官が処分されるケースが東京帝国大学経済学部などで続発した。

帝国大学は基本的に高等学校卒業者の進学先だったが、定員割れが起きた場合は専門学校や高等師範学校の卒業者などにも門戸が開かれた。医学部をはじめとして志願者が定員を上回る学部では高等学校卒業者に対しても入学者選抜試験が行われ、不合格となり浪人した者は「白線浪人」と呼ばれた。尋常小学校入学以降に飛び級・飛び入学や留年・浪人をしなかった場合、帝国大学卒業時の年齢は戦後の新制大学卒業者より一歳上の二三歳となる。

一九一三年に東北帝国大学に三人の女子学生が入学して以降、一部の帝国大学はごく少数ながら女子学生を受け入れていたが、すべての帝国大学に女子学生が入学できるようになったのは、戦後の一九四六（昭和二一）年になってからのことである。

敗戦までの日本では、朝鮮や台湾といった「外地」を除き、二〇歳に達した男子には徴兵義務が課されていたが、帝国大学を含む高等教育機関在学者には、在学中の徴集が二六歳まで猶予される特権があった。ただし、理工系と教員養成系を除いて一九四三（昭和一八）年一〇月にこの猶予は停止され、いわゆる「学徒出陣」が行われた。

帝国大学は学歴社会の頂点を占めており、卒業者の就職先は官僚や大企業の職員、各種の専門職などが中心だったが、昭和初期など、大学卒業者の増加や経済不況の影響によって就職難に見舞われた時期もあった。

東京帝国大学は一八七七（明治一〇年）に設立された東京大学の後身であり、所在地は東京市本郷区本富士町（現在の東京大学本郷キャンパス）。学部制がとられた際に法・文・経済・医・工・理・農学部が置かれ、一九四二（昭和一七）年には千葉県千葉市に第二工学部が設けられた（一九五一年廃止）。

2 政治学との出会い【丸山】

政治学科へ

一九三四（昭和九）年四月、丸山眞男は東京帝国大学に入学した。学生のあいだには、高校までで学生生活は終わりで、大学は砂漠のような無味乾燥なところと考える風潮があった。丸山は長谷川如是閑からさんざん悪口を聞かされていたが、入ってみると講義が面白く、大学も捨てたものではないという感想を抱いた（写真5－1）。

写真5－1　安田講堂前の丸山（丸山彰氏提供）

高校時代の丸山はドイツ文学を専攻することを志望していたが、一高のドイツ語教師・菅虎雄と父の忠告に従って法学部に進学した。経済学部を選ばなかったのは、京都帝国大学経済学部に進んだ兄の後を追うのが癪に障ったからである。法律は嫌いだったため、法学部では政治学科に所属した。しかし、実定法の解釈学を勉強したことは非常によかったという。大学では一高以来の友人の他、杉浦明平（小説家）、磯田進（労働法学者）、宇佐美誠次郎（財政学者）、平沢道雄（日本銀行勤務）らと新たに親交を結んだ（肩書はいずれも後年のもの）。

一年生

丸山が在学した時期の東京帝国大学は、刻々と軍国主義への道をたどっていた満洲事変以後の時勢の影響を受け、岐路に立たされつつあった。一九三四年晩秋から本格化する天皇機関説事件において、天皇を国の最高機関と位置づける東京帝国大学名誉教授・美濃部達吉の天皇機関説は、国粋主義的な軍人や団体の集中攻撃にさらされた。

機関説論者とみなされた一木喜徳郎（枢密院議長）、金森徳次郎（内閣法制局長官）らはその職を追われ、全国の憲法学者も改説を余儀なくされる。そして東京帝国大学法学部の「憲法学」講座を美濃部から引きついでいた宮沢俊義は、大学に残った最後の機関説論者として懐疑の目で見られることになった。

丸山は、機関説が問題視されるようになる前に行われた宮沢の最初の講義を受講している。その内容は、コントの三段階説を用いるなど卓抜な比喩と明快な論理で日本憲法学を講じるもので、丸山には興味深く感じられた。その後丸山は、宮沢の講義の種本と見抜いたケルゼンの『一般国家学』を読み込んでいく。

また、後年まで影響を与えたのが末広厳太郎の「民法」の講義である。この講義で丸山は、「「である」ことと「する」こと」（一九六一年改稿）で引用することになる「権利の上にねむる者」ということばを末広が語るさまを目にしている。東大での日々は、早くも政治学者「丸山眞男」の形成を促しつつあった。

二年生

大学時代を通じて足繁く通ったのは経済学部の河合栄治郎の講義だった。単位を取得できない河合の特別講義に、一年時と二年時に続けて出席している。一年時のテーマは「自由主義」、二年時のテーマは「ドイツ社会民主党史論」だった。なかでも後者の講義では詳細な受講ノートを作成している。河合はこの講義で修正主義論争を詳細に解説し、ベルンシュタインは自身の所信に忠実であったがゆえに社会民主党内で孤立を余儀なくされたと結論づけた。

丸山はそこに、自由主義の立場は一貫していながら、政府の「思想善導」政策に携わって「御用教授」と揶揄されるほどマルクス主義を批判していた時代から、ファシズム批判へと軸足を移しつつあった河合の変化を感じ取っている。河合の講義からは、『ラッサール全集』を図書館で借りて読破するほどの影響を受けた。

この年受講した授業は他に、神川彦松（かみかわひこまつ）「外交史」、田中耕太郎「商法」、有沢広巳（ありさわひろみ）「統計学」などがある。

三年生

この年丸山は、大学卒業後も指導を受けることになる南原繁の「政治学史」講義を受講する。もっとも、講義自体は丸山の期待からは外れたものだった。開口一番、「この講義には、哲学にたいして自発的な関心をもつ学生だけ出席してほしい」と言い、政治を「文化的創造の業」と言い切る南原の講義は、マルクス主義をくぐり、政治を科学的認識の対象と考えていた丸山には理解しがたいものだった。しかし逆に、このようなことを言う南原の思想を見極めたいという強い関心を抱く。そこで、ヘーゲルの『歴史哲学序説』を講読する南原のゼミに参加している。

また、政治学や法学だけでなく、経済学や社会学にも関心を広げていく。法学部で中田薫「法制史」、経済学部で大内兵衛（おおうちひょうえ）「財政学」や矢内原忠雄「殖民政策」などの講義を受講した他、経済学部や文学部に進んだ宮地健次郎ら一高以来の友人たちとマルクス経済学関係の書籍を読む読書会を行った。

丸山は当初、卒業後は記者になり海外で勤務することを希望していたが、法学部助手募集の掲示を観て心が揺らぐ。南原に相談したところ、日本の伝統思想・中国の古典政治思想の研究を勧められ、研究生活に入ることを決意した。

近代自由主義の再評価

自身の学問的・政治的立場に再考を促す機会も訪れた。一九三五（昭和一〇）年五月の経友会講演会で自由主義的政治家・尾崎行雄（咢堂）の講演を聴いたときのことである。ここで尾崎は私有財産の不可侵性をとうとうと説いた。

ぼくは社会主義の洗礼を受けているから、なんとなく私有財産というのは悪という感じでいるわけです。ところが〔尾崎は〕、天皇陛下といえども、法律によらずして、私有財産に一指も触れることはできないと言う。そういう議論は聞いたことはないのです。日本の左翼も私有財産攻撃でしょう。いかなる権力も侵すべからざる権利としての私有財産というのはヨーロッパ的ですね。なるほど、そういうものかと思ったので強く印象に残っています。（『定本　丸山眞男回顧談』上）

丸山に衝撃を与えたのは、自然法や自然権という国家以前の超越的・非歴史主義的な根拠に基づいて、権力に対して個人の権利の不可侵性を主張する、近代自由主義の立場だった。

ナチスが政権を掌握したのちにドイツの国会で政府への全権委任法が審議されたとき、社会民主党党首のオットー・ウェルズが行った反対演説もまた、この時期の丸山にとって同様の意義を

もつものであった（写真5－2）。ウェルズは、そういう〔見える限りの人民はあげてハイル・ヒットラーという〕重たい、いまの歴史的現実にたいして、自由と平和と正義を「永遠不壊の理念」として対峙させた。（中略）ちょうど大学生時代にかけて日本は雪崩をうったような転向時代でしょう。それ以後の「歴史的動向」は、ナチほどではないにしても、周囲の情勢ことごとく非、という実感だったことは加藤〔周一〕さんも同じだったろうと思うのです。そういうなかで、ずっとぼくの頭からはなれなかった問題は、歴史をこえた何ものかへの帰依なしに、個人が「周囲」の動向に抗して立ちつづけられるだろうか、ということです。（丸山眞男・加藤周一「歴史意識と文化のパターン」一九七二年）

写真5－2　オットー・ウェルズ

日本的な歴史主義とマルクス主義的な歴史主義は、ともにあらゆる価値観を歴史的産物とみなす点で共通している。丸山自身もまた、個人の自由や私的な権利を尊重する価値観を、歴史的制約をもつものとして相対化して捉えていた。しかし尾崎とウェルズの講演を通じて丸山は、超越的な価値に帰依することによって社会や時代の趨勢に立ち向かうという非歴史主義的な立場の重要性に気づかされたのであった。そして丸山の認識では、加藤周一もまた共通する同時代経験の持ち主であった。丸山にとって加藤は、暗い時代の流れの中で自分を支える根拠を必死で模索した同志だったのである。

読書

大学時代になると、丸山の読書にも当局の取り締まりの影がみられるようになる。一年時にはモーパッサン『女の一生』の翻訳本と原文を読み比べ、検閲によって削除された箇所を探すなど、当局の言論弾圧を潜り抜けるようなことをしている。

二年時にはリッケルト『認識の対象』を読み、新カント派の「価値」概念にも一定の理解を示している。だが、「迷信・魔法・調伏(ちょうぶく)・異端訴追――かうした全てのものが諸々の政治的イデオロギーの半宗教的世界に存在してゐる」と述べたG・ザロモンに近い形で政治的なるものをイメージしていた丸山にとって、政治はあくまで科学的に捉えるべき対象であった。それだけに、政治それ自体がさまざまな文化価値の中で独自の一領域をなすという南原繁の政治観に触れたときの丸山の困惑は大きかったのである(「南原繁著作集第四巻 解説」一九七三年)。

マルクス主義に関しては、一年時に『ローザ・ルクセンブルクの手紙』やカウツキーの『資本論解説』を読んでいる。『資本論』は難しくて歯が立たなかったため、『資本論解説』のお世話になったのである。三年時の読書会では、ローザ・ルクセンブルクの『資本蓄積論』、ヒルファーディングの『金融資本論』などを読み込んだ。すでに外でこのような読書会を行うと危ない時期となっており、順番に各自の私宅に集まったという。この読書会を続けていく中で、ヒルファーディングへの批判をフェアな形で行わないソビエト連邦のアカデミズムに不信をもつに至った。

丸山はさらに、新カント派的な価値相対主義の立場に立つ法哲学者ラートブルフや、知識社会学者マンハイムの『イデオロギーとユートピア』などを原書で読み、見識を広げていった。父の勧めで陸羯南を初めて読んだ他、マックス・ウェーバーやカール・シュミットの著作にも手を伸ばした。学生・助手時代の最大の関心対象はドイツ国法学であり、なかでも当時出版されていたシュミットの本はほとんど読んだという（笹倉秀夫「丸山眞男インタビュー全三回の記録（一九八四・一九八五年）」）。こうした丸山の専攻にとらわれない学習の成果は、のちに助手論文の執筆に結実することになる。

文学の領域で大学時代の丸山の心を強く摑んだのがロマン・ロランであった。三年時の夏休みに、松本武四郎から勧められた『ジャン・クリストフ』に没頭し、続いて旧制高校的教養主義から手にとった『ベートーヴェンの生涯』に感銘を受け、フランス語の習得を志し、助手時代には念願のフランス語原文で読んでいる。

ロランのことばは丸山に強い印象を残し、教壇に立った後もたびたび学生に披露している。たとえば一九五九（昭和三四）年度の講義を受講した三谷太一郎（みたにたいちろう）氏によれば、この講義の締めくくりに丸山は、ロランの『ベートーヴェンの生涯』に出るベートーヴェンの次のことばを聴講者に贈ったという。「力の限り善き事を為せ。何ものにもまして自由を愛せよ。たとえ玉座のきざはしにあるとも、絶えて真理を忘れるな」（三谷太一郎「わが青春の丸山体験」）。

著作

寡作だった高校時代と異なり、大学時代の丸山は数々の文章をものした。たとえば一年時の一月、岡義武の「政治史」講義の課題として、「明治政府の秩禄処分とその影響——武士階級の階級分化の過程に関する一考察」と題するレポートを提出している。そのために丸山は、講座派マルクス主義の立場から書かれた『日本資本主義発達史講座』（岩波書店、一九三二〜三三年）を熟読し、岡からは「立場一貫」という評価を受けた。

二年時には、東大法学部教官・学生の親睦団体である緑会の懸賞論文への応募をめざし、夏休みに友人の猪野謙二とともに宮城県刈田郡越河村の定光寺にこもった。このときの懸賞論文は蠟山政道が出題しており、「デモクラシーの危機を論ず」というものだった。

ドイツでは丸山が高校三年生のときにナチスが権力を掌握し、共産主義陣営が人民戦線路線に転じるなど、ファシズムの台頭によるデモクラシーの危機と、それに対するデモクラシー陣営の共闘体制が顕著になった時代だった。蠟山の出題はそうした時代背景を反映したものであった。

論文執筆のために、丸山はジェームズ・ブライスの『近代民主政治』をはじめ、デモクラシー関係の文献を読み漁った。なかでも読み込んだのがハロルド・ラスキの『危機に立つデモクラシ

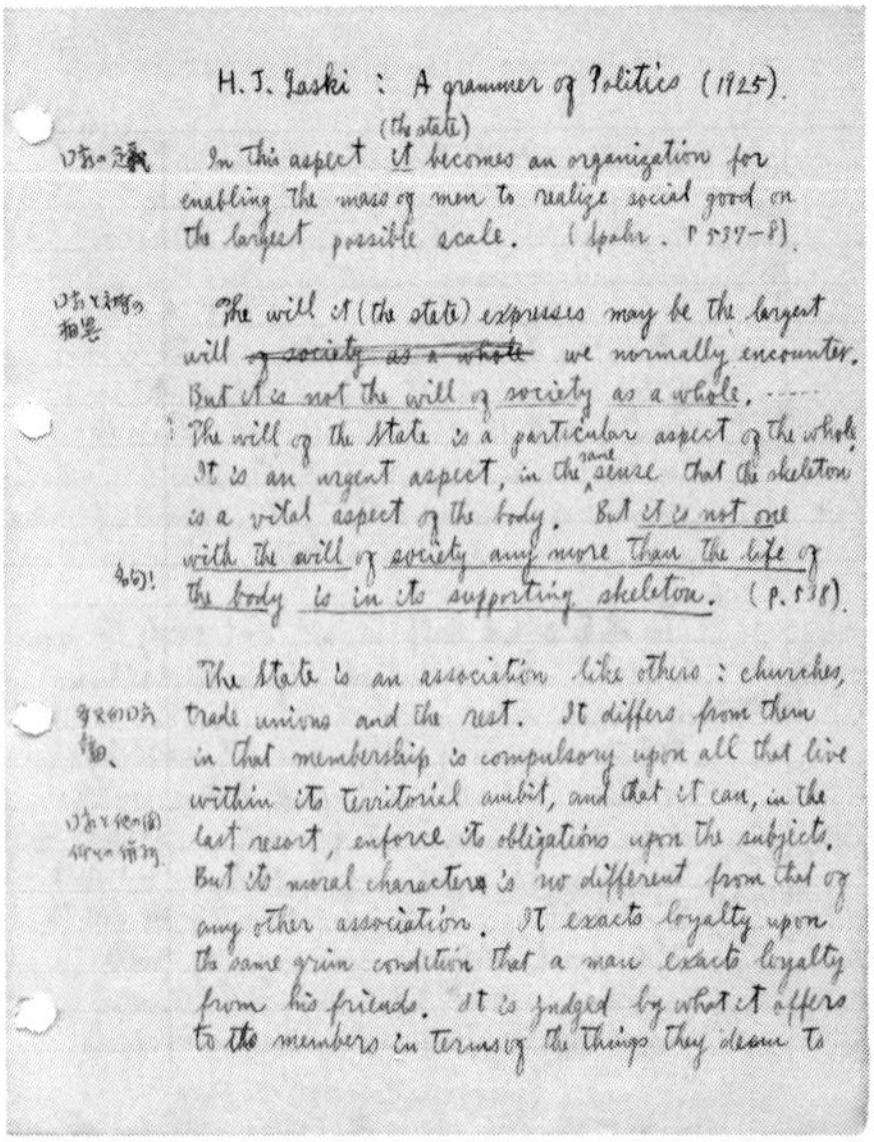
H. J. Laski : A grammar of Politics (1925).

(the state)
In this aspect it becomes an organization for enabling the mass of men to realize social good on the largest possible scale. (p 537–8).

The will it (the state) expresses may be the largest will ~~of society as a whole~~ we normally encounter. But it is not the will of society as a whole. ---- The will of the State is a particular aspect of the whole. It is an urgent aspect, in the same sense that the skeleton is a vital aspect of the body. But it is not one with the will of society any more than the life of the body is in its supporting skeleton. (p. 538).

The State is an association like others: churches, trade unions and the rest. It differs from them in that membership is compulsory upon all that live within its territorial ambit, and that it can, in the last resort, enforce its obligations upon the subjects. But its moral character is no different from that of any other association. It exacts loyalty upon the same grim condition that a man exacts loyalty from his friends. It is judged by what it offers to its members in terms of the things they deem to

写真5－3　大学時代ノート（丸山文庫草稿類資料350）

ー』と『理論と実際における国家』である。いずれも蠟山の「政治学」講義で紹介されたものだった。結局、二年時には懸賞論文を提出できなかったが、丸山はラスキの多元的国家論を入口に西洋諸国の政治と政治学への理解を深めていった（写真5－3）。

なお、この越河村で丸山は初めて東北の農村に触れた。そこは新聞購読率一つをとっても父の郷里である長野県清野村とは大きく異なり、小作地が多く、選挙違反が横行し、巡査も村の慣行を尊重せざるを得ない「完全自治社会」のような様相を呈していた。これを目にした丸山は、日本では急速な資本蓄積のために農業における半封建的な生産関係が温存されたとする講座派理論に説得力を感じたという（丸山眞男他「生きてきた道」一九六五年）。

最初の論文

三年時には満を持して緑会懸賞論文に応募した。論題は「政治学に於ける国家の概念」、出題者は南原繁だった。丸山の論文は南原の目に留まり、第二席Aに入選した。そして一九三六（昭和一一）年一二月に刊行された『緑会雑誌』第八号に、南原の批評とともに掲載される（写真5－4）。

この論文は、ファシズム的な全体主義から「弁証法的な全体主義」を区別する必要を論じて結ばれている。ここには、当時の自由主義が新カント派的な存在と当為の二元論に立脚していたことにあきたらない思いが込められていた。保守勢力が存在の当為性を基礎づけ、進歩勢力は当為の存在性を基礎づけることで二元論の克服が志向されていた当時にあって、そのあいだに位置する自由主義もまたブルジョワ的思惟に特徴的な二元論の立場にとどまることはできない。

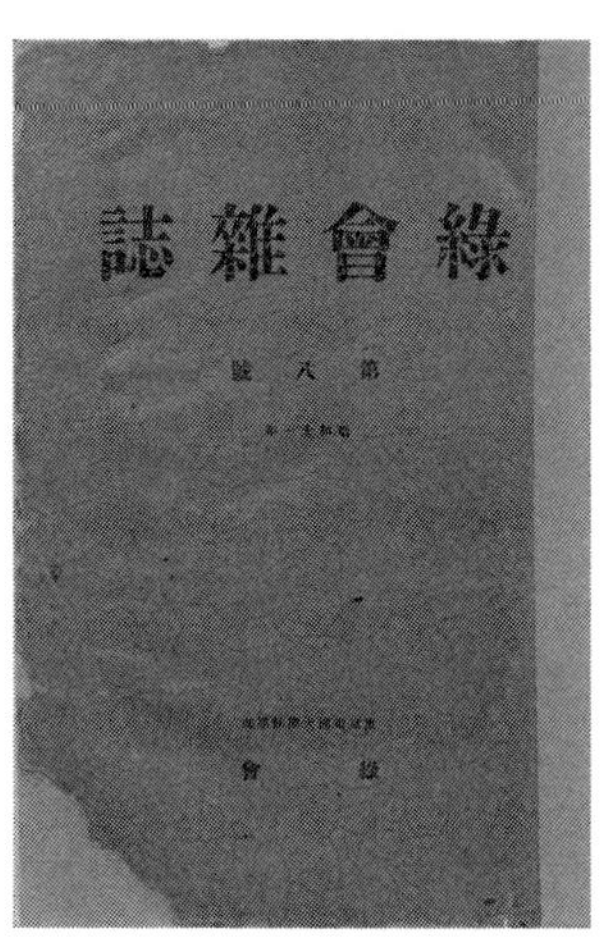

写真5－4　『緑会雑誌』第8号

ここで参考にされているのは、同じく「全体」を論じるものであっても有機体説と弁証法には大きな違いがあることを説いた三木清の論文「有機体説と弁証法」（一九二八年）である。丸山は三木の議論をファシズムと自由主義の違いに当てはめ、ファシズムのように個人主義を否定するのではなく、個人は国家に対して「否定的独立」を維持するという形で、個人の独立を生かしながら国家を成立させる方向をとることで、弱点となっていた個人の自律性と国家の自律性という二元論を自由主義は克服できると考えた。丸山にとって「弁証法的な全体主義」とは、ファシズムに対抗する自由主義の新たな展開として考えられていたのである（丸山眞男他「生きてきた道」）。

これに対して選者の南原は、丸山の論文が全体として歴史主義と相対主義の立場からするイデオロギー批判にとどまっており、「弁証法的な全体主義」が十分に根拠づけられていない点を突いた。この点はまさに、丸山が尾崎行雄やオットー・ウェルズから学んでいた、自由の普遍的価値を根拠づける超越的な原理の問題に関連していた。

丸山はこれ以後、同じように普遍的価値にコミットする立場をとっていた南原の下で、この問題について思索を深めていく。その道程は、たとえば一九四三（昭和一八）年の論文「福沢に於ける秩序と人間」に表れている。ここで丸山は、国家的自立は個人の「人格の内面的独立性」を媒介としてのみ実現されるという立場に福沢諭吉が立っていたと理解することで、福沢の個人主義と国家主義を統一的に解釈できると論じている。

演劇・映画

大学での勉強のかたわら、映画や観劇趣味はヴァリエーションを増していった。しかし、日本ファシズムの影は丸山の趣味にも忍び寄りつつあった。

大学に進学する頃から丸山は、新劇運動の拠点だった築地小劇場に通い始めた。法学部の学生の多くは官僚になるための試験勉強に忙しく、観劇したのは経済学部や文学部の学生が多かった。一年時の一一月には新協劇団の『夜明け前』（久保栄演出、村山知義脚色、滝沢修主演）を観て感動し、島崎藤村の原作を徹夜で読み通した。

この築地小劇場は弾圧の舞台でもあった。一九三六年五月に新協劇団が上演し、東大の各学友会と演劇研究会が後援した『天佑丸』（ハイエルマンス作、久保栄演出、丸山はこの戯曲を観ている）は、漁師と網元が激しく対立する描写を含んでいたため当局の警戒するところとなり、後日研究会の幹部は取り調べを受け、謹慎処分を受けた。

丸山は戦前の築地小劇場を覆っていた雰囲気を次のように回想している。

あの時代の築地というのは、単なる娯楽ではなくて、一つの運動だったと思います。（中略）築地は狭いというせいもあって、舞台と観客席の一体感があった。戦後の大劇場ではちょっと望み得ないでしょうね。あの築地の狭い舞台でやったということで意味があったのではないかと思います。（『定本　丸山眞男回顧談』上）

また映画では、『会議は踊る』（E・シャレル監督）や『外人部隊』（J・フェデー監督）など洋画を多く観た。

3　心の支え【加藤】

一年の浪人生活

加藤が第一高等学校を卒業するのは一九三九（昭和一四）年三月のことである。東京帝国大学医学部に入学するのが一九四〇（昭和一五）年四月。ここに一年間の空白がある。この一年について何も書いていないが、加藤は浪人生活を送ったのである。

第一高等学校時代、前章でみたように、加藤は文学に関心を寄せ、『校友会雑誌』の編集に関わり、『校友会雑誌』や『向陵時報』に数多く寄稿した。そして文学部への進学を希望していた。ところが、当時の加藤家の経済状態は、まったく流行らない開業医だった父信一の収入では余裕がなかった。しかも、当時、東京帝国大学といえども文学部卒業では、就職も当てにできない。将来の家計を心配した母ヲリ子は加藤の文学部進学に異を唱え、医学部進学を勧めた。

一方、父信一は当時の花形だった工学部進学を望んだ。結局、母ヲリ子の勧めに従って、加藤は文学部志望から医学部志望に切り替えた。友人山崎剛太郎（やまさきこうたろう）は、加藤が文学部に進まないことに驚かされる。加藤は山崎に「文学は文学部に進まなくとも学べるからね」と答えたという（菅野正昭編『知の巨匠　加藤周一』岩波書店、二〇一一年）。

しかし、文学部進学を希望していた加藤は、医学部進学のための勉強をまったくしていなかった。それでも合格するほど入学試験は甘くなく、東京帝国大学医学部の入学試験に失敗。浪人生活を余儀なくされた。

浪人生活を送ることになっても、加藤は予備校には通わず自宅で勉強した。しかも、受験勉強に励むかたわら文学関係の読書も進め、浪人生活中に採られた「青春ノートⅥ」には「小林秀雄論」「立原道造論」「立原道造論覚書」を綴った。同人誌活動にも関わり小島信夫らの主宰する『崖』や鈴木亨らの主宰する『山の樹』に寄稿した。同人誌活動に携わったのは、次の入学試験には合格する自信があり、かつ文学活動への情熱已みがたかったからだろう。それでも寄稿した作品が小品や翻訳だったのは受験を控えていたからだろうか。翻訳は受験勉強を兼ねていたかもしれない。一九四〇年四月には、首尾よく東京帝国大学医学に入学した。

医学部での授業

医学部に進学し、内科学、そのなかでも血液学を専攻した。しかし、加藤は丸山と違って、誰にどのような授業を受けたか、どんな授業に感銘を受けたかについて、ほとんど書き残していない（写真5－5、写真5－6）。

わずかに書かれたのは、太田正雄（作家名は木下杢太郎）の皮膚科学講義に出席していたことについてである。太田が使った『皮膚科学講義』というガリ版刷りの教科書五冊（立命館大学加藤周

写真5－5（上）　医学部本館
写真5－6（下）　解剖学教室での加藤、ここでも右端に位置する。

一文庫所蔵）について『言葉と人間』（朝日新聞社）に言及がある。この講義を何年生のときに受講したかは不詳だが――加藤の専門科目ではなく、おそらくは低学年のときだろう――、感銘を受けた講義だった。

「太田正雄における歴史意識の意味が『皮膚科学講義』に、歴史的なわく組のなかでの分類学の方法の検討という形で、あきらかに読みとれる」と評価する。学生のときにこの評価通りに考えたのかどうかはわからないが、何らかの感銘を受けた講義であったことは間違いない。それゆえに、加藤は太田＝木下杢太郎についていくつかの評論を書いた。また実現しなかったにせよ、太田正雄の評伝を著す計画をもち、かつ『鷗外・茂吉・杢太郎』を著すことよって、近代日本思想史をたどろうとしたのである。

もう一つは卒業の前年に齋藤茂吉の経営する青山脳病院（当時は世田谷区松原にあった）で、研修を受けようとしたことである。しかし、茂吉との面談の様子は描かれるが（「短いまえがき　なぜこの三人か」『加藤周一自選集10』二〇一〇年）、齋藤の人となりが中心になり、研修の内容については触れられていない。

医学部での講義内容について、これ以外はどこにも書かれてはいない。

仏文研究室への出入り

医学部へ入学したのちも、加藤は文学に対する情熱を失うことはなかった。文学に対する関心は主として二つの方向性があった。一つはフランス文学に対する関心へと拡がったことである。すでに中学校時代に芥川龍之介に傾倒していたことは述べたが、芥川を介してアナトール・フランスを知り、さらにフランス文学の森に分け入る。

もう一つは日本文学史上のいくつかの歌集を読んだことである。すでに小学校時代に『万葉集』を披（ひら）いて音の響きの美しさに感動した。中学校時代には折に触れ読み続けた。さらに藤原定家の『新古今和歌集』『拾遺愚草（しゅういぐそう）』、日記『明月記』、西行の『山家集（さんかしゅう）』、『建礼門院右京大夫集（けんれいもんいんうきょうのだいぶしゅう）』、そして源実朝の『金槐（きんかい）和歌集』を読んだ。なかでも藤原定家と源実朝を好んだ。

和歌の最高峰といえる定家の歌は象徴詩といえるものであり、象徴詩を転轍機（てんてつき）にして、フランス文学、ことに象徴詩に関心を示し、フランスの象徴詩人たち――ボードレール、マラルメ、ヴエルレーヌ、ヴァレリーについて学ぼうとした。同時に、フランス文学を独学ではなく、師につ

写真5－7（左）辰野隆。写真5－8（中央）渡辺一夫。写真5－9（右）鈴木信太郎

いてきちんと学ぼうと考えたはずである。

父信一のかかりつけの患者に東京帝国大学文学部仏文学科の辰野隆がいたことはすでに述べた。父信一は、加藤が仏文の講義を受けられるかを辰野に打診し、快諾を得た。こうして加藤は文学部仏文研究室に出入りするようになり、講義も受けたのである。

当時の仏文科はそうそうたる陣容を誇り、教授に辰野隆（写真5－7）、助教授に渡辺一夫（写真5－8）、鈴木信太郎（写真5－9）、講師に中島健蔵、助手に森有正、学生には三宅徳嘉、福永武彦、中村真一郎がいた。また英文学の中野好夫や倫理学の吉満義彦も仏文研究室に顔を出していた。このすべての人たちとの交友が始まったのである。

加藤が受講した科目には、辰野の「一九世紀文芸思潮」、渡辺の「モリス・セーヴやモンテーニュの講読」、鈴木の「マラルメ研究」、中島の「『サロメ』講読」などがある。仏文以外では、吉満義彦の倫理学、神田盾夫の「ギリシア語講読」を受けた。神田は、加藤の大叔父の義兄高木八尺の実弟であり、加藤の遠縁に当たる。神田の言動は敢然と反戦を貫いていた。しかし、これらの講義に関する叙述は見当たらない。

この頃の加藤は、フランス文学関係の書物を読み漁った。主として第一次大戦後のフランスの作家たち、そして戦間期の《ユーロップ》や《Ｎ・Ｒ・Ｆ》を片端から読んだ、とみずからいう。これらの雑誌は、ほぼ文化的鎖国状態にあるなかで、西洋に向けて開いた小さな窓であったに違いない。

仏文研究室の雰囲気は、医学部のそれとは違った。何よりも自由であり、好戦的な言辞も、非戦的な言辞も許され、その言辞を咎められることはなく、他言されることもなかった。

多士済々の諸先生のなかで加藤がもっとも親近感を抱いたのは、渡辺一夫である。渡辺の学問というよりも、むしろその生き方や諷刺の精神を学んだといえる。渡辺は「六隅許六」（ミクロコスムのアナグラム）の名で、加藤の『１９４６　文学的考察』（中村真一郎、福永武彦との共著、真善美社、一九四七年）『ある晴れた日に』（月曜書房、一九五〇年）の装幀を手掛けるなど、渡辺と加藤の交流は深かった。渡辺との交流は晩年まで続いた。

医学部以外の人たちとの交流は仏文研究室だけではなかった。東京帝国大学法学部の川島武宜とその弟子の立石芳枝（のちに明治大学教授）との勉強会にも加藤は参加した。この勉強会ではマルクス主義を学んだと思われる。加藤はマルクス主義をよく学んでおり、戦後も経済学者内田義彦、劇作家木下順二とともに『資本論』の勉強会をもっている。

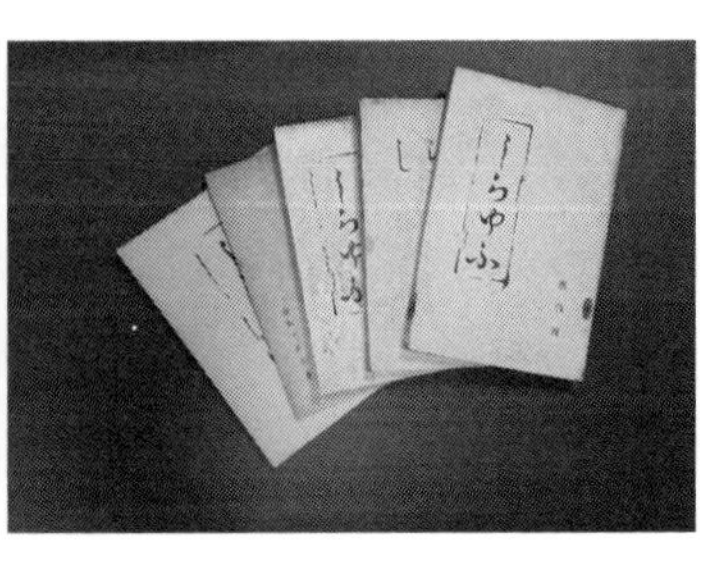

写真5－10（左）　同人誌『崖』
写真5－11（右）　同人誌『しらゆふ』。漢字表記すれば「白木綿」になる。

戦時下に加藤と交流のあった人たちのなかで、戦争反対の意思をはっきりと表明したのは、渡辺と川島の二人だった。戦争について渡辺や川島が、「絶えず「狂気」を「狂気」とよび、「時代錯誤」を「時代錯誤」と呼び続けるということがなかったら、果して私が、ながいいくさの間を通して、とにかく正気を保ち続けることができたかどうか、大いに疑わしい」（『羊の歌』）と加藤は書き残した。渡辺や川島との少数者としての連帯意識をもって、戦時下の孤独を耐え忍んだ。

同人誌活動

同人誌『崖』（写真5－10）に寄稿し始めたのは浪人時代である（「春日抄」一九三九年六月、「窓」一九三九年一〇月）。また同人誌『山の樹』にもカロッサやリルケの翻訳を載せたが（一九四〇年一月、同年二月）、これも浪人時代のことである。

大学に入学してから発表した作品はむしろ少なくなり、『崖』や『四季』に発表した「旅行に就いて」、「牧場について」、そして「物象詩集に就いて」がある程度である。「牧場について」は和辻哲郎批判である。『四季』は堀辰雄・三好達治が中心となった同人誌である。

あまり知られていないが、東京帝国大学医学部昭和十五年会が主宰した『しらゆふ』（漢字表記すれば「白木綿」、写真5－11）という学生同人誌があり、この同人誌に加藤は三回寄稿した。すなわち「倦怠に就て」、「嘗て一冊の「金槐集」餘白に」、「頌」（ピエル・ルイス論）である。同人誌に発表した作品を見ると、詩歌あり、小説あり、翻訳あり、評論あり。後年の加藤の活動領域と同じく幅広さをもっている。

マチネ・ポエティク

加藤の青春時代は詩歌によって彩られる。好んで内外の詩集を読み、みずから詩歌を詠んだ。詠んだ詩歌をもとに「藤澤正自選詩集」を編み、「ノートV」に挟み込んでいる。「類は友を呼ぶ」、おのずと同好の士が集まり、それぞれの詠んだ詩歌や書いた小説、評論を朗読する会を始めた。一九四二（昭和一七）年秋のことである。同好の士であるから、詩歌の好みも共通し、時代に対する態度もほぼ共通する。フランス文学が好きで、戦争に対しては疑問、もしくは批判的態度をとる人々の集まりであった。

同好の士は、加藤の他に、福永武彦、中村真一郎、窪田啓作、原條あき子、白井健三郎、中西哲吉、山崎剛太郎、小山正孝、枝野和夫らである。「マチネ・ポエティク」の命名者については諸説あって、正確にはわからない。

写真5－12（左）『マチネ・ポエティク詩集』初版本の表紙（真善美社、1948年）
写真5－13（右）レオニード・クロイツァー

彼らは月に一度、主として加藤の家に集まって、自作の朗読を行った。同人誌はもたなかったが、おそらく用紙統制が厳しくなっていて用紙の確保が困難だったからだろう。

彼らがもっとも強い関心を抱いたのは、押韻定型詩である。それはフランス詩歌からの影響でもあり、九鬼周造（くきしゅうぞう）「日本詩の押韻」に触発されたともいえる。

彼らが詠んだ詩歌は、戦後になって真善美社から一九四八（昭和二三）年に『マチネ・ポエティク詩集』（写真5－12）として出版された。しかし、詩壇からは批判され、大きな運動にはならず一九五〇（昭和二五）年に終わった。

音楽と能楽

加藤の音楽との出会いは、祖父の蓄音機から流れる歌劇の詠唱と母の奏でる琴の音、父の吹く尺八の音から始まる。小学生のときに『酒は涙か溜息か』や『船頭小唄（せんどうこうた）』といった歌謡を知った。西洋の古典音楽を知るのは第一高等学校時代のことだろう。音楽好きの学友に誘われて、東京の大きな町にあったいわゆる名曲喫茶で、西洋古典音楽を聴いた。加藤が好きになったのは、ベートーヴェンやショパンといったロマン派の音楽、ことにピアノ曲だった。

実際の演奏会に出かけるようになるのは、大学に入ってからのことである。『青春ノート』には、しばしば演奏会のことが綴られる。加藤が音楽会に出かけて、その感想をノートに記した最初は、レオニード・クロイツァー（写真5－13）のピアノ演奏会についてである。その後、ローゼンストックの指揮する新響（のちのNHK交響楽団）の演奏会、草間（安川）加壽子、井口基成、豊増昇といったピアニストたちの演奏会である。ここからも加藤の好みはロマン派のピアノ音楽にあったことが推測できる。

写真5－14（左）初世金剛巌。写真5－15（右）初世梅若万三郎

日本の古典芸能では、すでに高等学校時代に歌舞伎座の一幕見に通ったことは述べた。しかし、能楽は高等学校時代には観ていなかった。能楽を観るきっかけは、中村真一郎の親類で、鉄工所の経営者から、その息子の出征の「壮行会」で、能楽を観ることを勧められたことを契機とする。加藤はそれ以来、水道橋の宝生能楽堂をはじめとし、都内にいくつかあった能楽堂に通う。こうして初世金剛巌（写真5－14）の舞や、

初世梅若万三郎（写真5－15）の謡を知って、強い感動を与えられたのである。

能楽を観る習慣は戦争末期に身に付いたのだが、加藤がしばしば能楽堂に足を運んだ理由は、能楽の特徴と深く関わっていたに違いない。能楽のうち「夢幻能」と呼ばれる演目は、「彼岸の世界」と「此岸の世界」とが描かれる。そういう能楽の世界に惹かれたのは、金剛巌や梅若万三郎の芸の高い水準ばかりではなく、加藤が「生きる世界」が「死の世界」と背中合わせに結びついていたという、当時の時代状況と大いに関係しているに違いない。能楽の世界に、自分自身のあり得る可能性を投影させていたからだと考えられる。

補章3
一九四一年一二月八日——太平洋戦争開戦の日

1　一九三〇年代後半の状況

二・二六事件以降、一九四一（昭和一六）年一二月の太平洋戦争開戦までの五年半あまりは、国家総動員体制がつくられていく時期だった。国家総動員法が施行され（一九三八年）、国民徴用令が実施された（一九三九年）。一九四〇（昭和一五）年は大政翼賛会が発足し、「反軍演説」を行った衆議院議員斎藤隆夫が議員を除名された年であり、紀元二千六百年を祝った年でもあった。

思想統制は、社会民主主義者や自由主義者に対してまでも拡がった。第一次人民戦線事件（一九三七年）、第二次人民戦線事件（一九三八年）によって社会民主主義者まで弾圧の手が伸び、さらに矢内原忠雄も東京帝国大学を追われた（一九三七年）。東大総長平賀譲（ひらがゆずる）によって経済学部の河合栄治郎・土方成美（ひじかたせいび）が休職を命じられ（平賀粛学（ひらがしゅくがく）、一九三九年）、津田左右吉（つだそうきち）も「皇室の尊厳を冒瀆（ぼうとく）した」とされて有罪判決を受けて、早稲田大学教授を辞任する（一九四〇年）。

対外的には、大日本帝国が大陸への進出を深め、戦線を中国全土へと拡げていった。盧溝橋（ろこうきょう）で日中両国軍が衝突して「日中戦争」が始まり（一九三七年七月）、南京を占領し（同年一二月、このときに南京虐殺事件を起こす）、一九三八（昭和一三）年には広東、武漢を占領、一九三九（昭和一四）年には海南島に上陸する。一方、満蒙国境では、張鼓峰（ちょうこほう）（一九三八年）やノモンハン（一九三九年）で、日本軍とソ連軍は衝突した。

　中国の抗日戦線を主導する蔣介石（チャンチエシー）を支援する米英ソは、フランス領インドシナを経由する「援蔣（えんしょう）ルート」をつくって軍需物資を輸送した。この援蔣ルートを封鎖するために、日本はフランスのヴィシー政府と交渉し、北部フランス領インドシナを占領。ついで石油、鉄鉱石、錫（すず）などの資源を目的に南部フランス領インドシナを占領するが、米英との激しい対立を招くことになる。

　明治時代以降、日本の対外政策の基本として、朝鮮、満蒙、シベリアへの進出を基本的戦略とする「北進論」と、台湾や中国の一部、南洋諸島への進出を基本戦略とする「南進論」があった。陸軍皇道派は「北進論」を取り、海軍および陸軍統制派は「南進論」を取った。一九三六年広田弘毅（ひろたこうき）内閣は「南北併進」を掲げたが、米英との対立が激しくなると、一九四一年には南進論を外交の基本とした。

　日米交渉は続いたものの、ついに一九四一年一二月八日にマレー半島と真珠湾で戦端を開いた。すでに大日本帝国政府は、アメリカ、イギリス、オランダとの交戦を決定していた。アメリカは孤立主義（モンロー主義）を取り、第二次世界大戦には参戦していなかったが、これによって参戦を決断せざるを得なくなった。イギリスのチャーチルやフランスのドゥ・ゴールは大いに喜び、「これで勝利はわれわれのものになった」と快哉をあげた。

2　南原繁のことば【丸山】

経済統制

一九三七年に始まった日中戦争の拡大に伴い、日本では戦時体制への移行が本格化する。これは、経済統制を通じて資本主義がもたらす諸問題に対処することを試みたという意味で、社会主義と共通する方向性をもつ面があった。一部の社会主義者は社会主義の実現を夢見て戦時体制に協力していくが、丸山眞男の場合はどうだったたであろうか。

ここでは問題を経済と政治に分けて考える必要がある。経済の領域では、一九四〇年に近衛文麿を中心とする新体制運動がめざした「経済新体制」の確立という目標に、丸山は期待を寄せていたとされる（苅部直『丸山眞男』）。それを示すのは、この年の九月に公表された「或日の会話」という丸山の文章である。ここで問題とされているのは、経済法則と統制との関係であった。

統制が経済法則を顧慮しなければならない間は、その統制はたかだか旧経済機構の修繕の意味しか持たず、それ自身新しい経済体制樹立という「大事」の主体的媒介者たりえないわけだ。従来の統制は客観的には前者の範疇に属するに限らず恰（あたか）も後者に属するが如（ごと）くに振舞（ふるま）ったところから色々の困難や摩擦が発生したのだろう。幸い近衛内閣の下に漸く後者的意味での統制確立の気運は熟して来た。（「或日の会話」一九四〇年）

ここで言われている「経済法則」や「旧経済機構」は、資本主義的なものと考えることができる。資本主義的経済体制において働く経済法則を前提とする統制である限り、それは結局資本主義を弥縫（びほう）するものにとどまる。しかし、資本主義とは異なる経済体制に見合った種類の統制が現在志向されつつあるという判断がここでは示されている。

一九四〇年七月に成立した第二次近衛文麿内閣は「経済新体制」の立案を急ぎ、九月には企画院が「経済新体制確立要綱」の原案をとりまとめた。その中の自由主義企業体制の改革という項目には、企業を資本の支配から離脱させることや、政府が特に必要と認めた場合は企業を国営化できるという文言が含まれていた。丸山はこうした動きを、資本主義的経済体制が前提とする私有財産制度や経済的自由主義を根本的に変革し、生産手段が社会化される社会主義的経済体制をめざすものと捉えたのであろう。

しかし、「経済新体制確立要綱」は財界の強い反発を招いた。その結果、一九四〇年一二月に閣議決定された際には、企業は民営を本位とするとされるなど、大幅に内容が後退したのである。

結局のところ事態の推移は、ファシズムの反資本的なプログラムは資本に都合のよい内容に変えられていくという、一九三六（昭和一一）年末における丸山の判断（補章2参照）の範囲内に収まっているように見える。

政治における自由主義

それでは政治の領域ではどうであったか。補章2で触れたように、一九三六年末の時点で丸山は、自由主義的な政治制度である議会と結びついた民主政を意味する「議会的民主政」が、かえって現在は金融資本にとって脅威となっており、それを廃棄して独裁をめざすファシズムは金融資本の利害関心に沿ったものであるという見方をとっていた。そして同じ年に書かれた最初の論文「政治学に於ける国家の概念」（第5章参照）では、かつては資本主義的な社会のあり方に対応する思惟様式だった個人主義ないし自由主義は、独占化の進行する金融資本の段階に資本主義が至った現在においてはそうした適合性を失い、代わりにこの段階に対応するものとしてファシズムが登場したことが論じられていた。

その後の丸山は、南原繁に指摘された、資本主義の支えを失った自由主義をどう根拠づけるかという問題に向かっていった。それはたとえば、東大法学部の同僚だった政治学者の矢部貞治が、一元化された政治指導を国民が積極的に支えるという新たな政治体制の確立を求めて新体制運動に関与していったこととは対照的である。矢部の構想は、国民の政治参加を重視するという点では民主的であったが、権力分立や複数政党制、議会を通じた統合を否定するなど反自由主義的な性質をもつものであった。

ファシズムに抗して自由主義にコミットするという丸山の姿勢は、国際情勢に対する判断からも明らかになる。一九三九年八月の独ソ不可侵条約の締結は、日本の知識人を驚愕させた。丸山の周囲では、自由主義からファシズムないし国家社会主義に移行するのが世界史的必然と考える立場と、ナチス・ドイツと結ぶソ連を批判する立場をとる者に分かれた。

丸山は後者の立場に与し、本郷キャンパスの食堂で磯田進と激論を交わしている。ファシズム陣営の大立者であるドイツと、反ファシズム陣営の先鋒であるソ連の同盟は、ファシズム－反ファシズムの図式に揺らぎをもたらしたが、その中でも丸山は反ファシズムの立場を維持していた。一九四一年六月の独ソ戦開始は丸山にとって、曖昧なものとなっていたファシズム－反ファシズムの図式を再度明確化するものだった。丸山は開戦の報道に触れたときのことを次のように回想している。

> ぼくは家でバンザイを叫びました。（中略）ドイツがソ連と開戦した。ソ連は直ちに英米と同盟を結んだ。そうすると共産主義を含めた自由主義対国際ファシズムという図式で割り切れるようになった。（『定本　丸山眞男回顧談』上）

反自由主義的な思想としてファシズムを理解し、それを批判するという丸山の立場は一貫している。自由主義の問題を克服するためにファシズムを選択するという道は、丸山にとっては問題外であった。それではいかに自由主義を支えるのか――ここで丸山にとって大きな意味をもったのは、師である南原繁の存在だった。

太平洋戦争開戦

一九四一年一二月八日に始まる太平洋戦争の捉え方は、国際関係と、その中における日本の位置に対する認識によって異なるものとなる。戦後に丸山と親交を結ぶことになる中国文学者の竹内好は、開戦の知らせに接して、東アジア解放の戦いが始まったものと受け止めた。竹内は、米英の帝国主義とその圧迫に苦しむアジア諸民族との対立という枠組みで国際関係を捉えており、日本をアジアの側に置いたのである。

また、父幹治はハルノートを見て、「これじゃ、戦争せざるをえないな」と言った。このことばについて丸山は、「普通のリアリズムからいうと、そうなんです」と述べているが、それは権益争いの果てに日本にとって譲れない一線に到達したという意味であろう(『定本 丸山眞男回顧談』下)。

開戦の日、丸山は南原繁のもとを訪れ、「えらい事になりましたね」と南原に話しかけた。南原は沈痛な顔をして瞑目したまま静かに、「このまま枢軸が勝ったら世界の文化はお終いです」

と言った(「南原先生を師として」一九七五年)。動転していた丸山の心は、この一言で治まったという。南原は、ナショナリストとして自国が属する枢軸(ファシズム)陣営に肩入れするのではなく、ファシズム対反ファシズムという枠組みで事態を捉え、反ファシズムの側に価値を置く判断をしたのである(写真補3-1)。

写真補3-1　南原繁

半年前の独ソ開戦時に自由主義対国際ファシズムの図式が明確化したと考えていた丸山が、この南原のことばを受けて、自己の立場を再確認できたことは想像に難くない。「南原先生なしには、あれほどはっきり太平洋戦争なんかに対する考え方は自分では取れなかった」と回想するほど、南原の存在は大きかった(丸山眞男『自由について　七つの問答』)。

先生から根本に教わったことは、人間にしろ、そういう経験的に目の前に存在しているものを絶対化してはいけない。国家というものがいかに大きな力を持ち、日本の帝国というものがいかに大きな力を持っているにしろ、日本の帝国がやることが正しいのではない。正義というものが日本の帝国の上にあって、それによって日本の帝国自身が裁かれなければいけない。日本の国自身が不正義の道を歩んでいるのであったら、それに与するべきではない、ということですね。これはヨーロッパの思想史みたいに長い歴史の中において獲得されてきた立場です。そこに人間の尊厳とか、国家を超越した真理とか正義とかという考え方が伝統として……。（丸山眞男「南原先生と私」一九七七年）

現実に密着した視点しかもたない場合、経験的に存在するものの絶対化につながり、大勢に押し流されてしまうことになる。現実を超える視点に立つことによって正しさという普遍的規準から経験的存在を判断できるようになるのであり、時流に抗することも可能になる。対象から距離をとるという姿勢は関東大震災の際にすでに萌芽的に見られたものであったが、南原との出会いによってこうした精神的態度が丸山において確立したのである。

そしてこのことは、現代における自由主義の存立基盤という大学時代以来の問題に関わるものでもあった。丸山にとって自由主義は、資本主義の一定の段階に対応するものであり、市民層の利害関心の表現として登場した近代の産物である。しかし丸山はそこに、特定の社会層だけに妥当するのではない、普遍的な価値を見出した。個人の自由を権利として保障するという近代自由主義の理念には、人が自己を賭すに値する価値がある。このように理念そのものが人を動かす力をもつことのうちに、自由主義の支えが求められていった。「近代」は、普遍的な価値をもったものとして捉え直されていくのである。

太平洋戦争への評価

晩年の座談で丸山は、アメリカ・イギリス・オランダに対する戦争は侵略戦争ではなかったとする右派の言説に関して、次のような考えを語っている。

ＡＢＣＤ包囲陣に対する日本のディフェンスの戦争だったというのがよくあるでしょ。それはあるところで議論を打ち切ってしまった。なぜＡＢＣＤ包囲網ができたか、ということを問わないわけ、それは。満州事変以後の日本の行動という問題と関係するんですね。（丸山眞男他「戦争とオペラをめぐる断想」一九九四年）

真珠湾攻撃に始まる太平洋戦争と中国問題は切り離せない関係にあり、中国での日本の行動がアメリカなどの行動を惹起した点を無視できない。それは防衛戦争ではなく、「アグレッシヴ・ウォア」であったというのが丸山の評価であった。

だがそれは、真珠湾攻撃が、報復のためにあらゆる攻撃が許容される「だまし討ち」であったことを意味しない。丸山はマイケル・ウォルツァーの正戦論を引き合いに、真珠湾攻撃と原爆投下を等価と考えるアメリカ人の考え方に疑問を呈している。

原爆を落とす以外に日本を降伏させる手段はなかったのか、軍事手段でいいんですよ、それを全然〔証明〕していない。報復のためには一切が許されるという論理を許すとすれば別だが、そんなことはキリスト教の論理から言ってもあり得ない。（同前）

丸山にとって原爆投下は、他に選択がなかったとは言えないという意味でも正当化できないものであった。

3　弾丸と飢えへの恐れ【加藤】

小説と詩歌

第一高等学校時代に加藤は学内の『校友会雑誌』や『向陵時報』に、映画評、演劇評、そして小説や詩歌を投稿していた。『崖』、『山の樹』、『しらゆふ』といった同人誌にも寄稿したことはすでに述べた。この頃に投稿していた作品にはどんなものがあるか。小説や詩歌、映画評、演劇評がほとんどであり、日本の社会や政治を直接的に論じる評論文はなかったわけではないが、その数は少ない。

『校友会雑誌』には小説のみ三点を発表、『向陵時報』は卒業までに一六回寄稿しているが、一つの例外を除いて、小説・詩歌、映画評、演劇評であった。一つの例外とは、のちに述べる「戦争と文学とに関する断想」である。同人誌に発表したのは詩歌と翻訳詩と文学評論である。

加藤が一高時代に採り始めた八冊からなる『青春ノート』でも事情はあまり変わらない。『青春ノート』は一九三七（昭和一二）年末あたりから書き始めたと推測できるが、一九三八（昭和一三）年までの加藤の関心は、政治に強く向かっていたわけではなく、主として文学に、それも小説や詩歌に向かっていた。「ノートⅠ」から「ノートⅢ」までは、そのほとんどが一九三八年に綴られているが、その三冊のノートに書かれるのは、小説や詩歌が中心である。

戦争と触れ合うのは「石川達三『生きてゐる兵隊』覚書」（一九三八年三月）という書評と「インテリ」（一九三八年七月八日）寸評くらいである。「インテリ」には次のように書かれる。

この国の言論が今日程「インテリ」を尊重したことはない。何故なら今日程「インテリ」の攻撃されたことはないからである。

また、

「インテリ」は評判に反して戦場では勇敢だそうである。しかし「インテリ」が嘗て評判に反しなかったためしはない。何故ならインテリジェンスとは評判に反すること正にそのことだからである。

芥川の『侏儒の言葉』を想い起こさせるこの文章は、のちの加藤の文章を彷彿させるものがあるが、他の多くの文章は必ずしもそうとはいえない。反時代的な言説をノートに記すための加藤自身の機がまだ十分には熟していなかったということだろうか。

一九三九年の変化

一九三九（昭和一四）年に入るとにわかに変化が生じる。『青春ノート』には「マルキシズム」（一九三九年一月）と題した文で、マルクス主義者の転向を問題にした。続いて「戦争と文学に就いて」「続戦争と文学に就いて」（ともに一九三九年一月）が記される。

この二つを草稿として『向陵時報』に藤沢正の筆名で「戦争と文学とに関する断想」（『向陵時報』一九三九年二月一日、「著作集8」と「自選集1」に収録）を発表する。加藤自身が「著作集」に収録するときに書いた「追記」にいうように、この文章は必ずしも反戦の文章ではない。しかし、戦争は文化を破壊するものであるからこそ、戦争は文化を考え直す機会になるのだ、というはなはだ逆説的な主張をもった文章で、婉曲に反戦を主張したのだった。

一九三九年以降の「ノート」に綴られる文章には、二つの主題が特徴的に表れてくる。一つは「戦争」であり、もう一つが「インテリ＝知識人」である。戦争のさなかに、知識人の果たす役割について考え始めていたことを意味する。この問題意識が戦後になって「戦争と知識人」（『近代日本思想史講座4　知識人の生成と役割』筑摩書房、一九五九年）を書かせることにつながるのである。

一九三九年は、高等学校最後の三カ月と浪人生活を余儀なくされた日々である。翌年の入学試験に備えなければならなかった年に、加藤は戦争の動向に注意を払い、インテリの役割に思いを馳せ、ノートに綴り続けた。それは加藤の時代に対する危機意識の表れだろう。

戦争とインテリ

この頃の加藤がノートに書きつけた戦争に関わる文章は「国家と文化（下田講師の問題に関する草稿）」（「ノートⅣ」）や「戦争に関する断想」（「ノートⅤ」）、「その後に来るもの」（「ノートⅤ」）、「一九四一年」（「ノートⅧ」）、「「学生と時局」と云ふ目下流行の問題に関連して」（「ノートⅧ」）といったものだった。

加藤が綴った「戦争」とは、主として第一次大戦のヨーロッパであり、一九三〇年代の第二次世界大戦を控えたヨーロッパの状況だった。また源実朝の『金槐集』を取りあげ、実朝の孤独について記した。

日本を離れ、現在を離れた主題を設けて戦争を論じた理由は二つあるだろう。一つはその頃の加藤が主としてヨーロッパ文学、ヨーロッパ思想、ことにフランス文学、フランス思想に関心を寄せていたということ。もう一つは、直接的に日本の問題を論じることを——まったくなかったわけではないが――なるべく避けようとしたことに違いない。

その状あたかも戦時下に、林達夫（はやしたつお）がルネサンス期のキリスト教文化史研究に力を注ぎ、渡辺一夫が一六世紀フランスの文学に分け入り、石川淳（いしかわじゅん）が江戸文学にさかのぼり、丸山眞男が江戸時代の政治思想に進んでいったことと軌を一にするように思われる。言論の自由のないところでは、知性は現在に向かわずに、歴史をさかのぼる。

しかし、フランスについて述べ、源実朝を論じるときにも、いつも戦争に突き進む当時の日本を念頭に置いていたに違いない。当時の心境について、のちに次のように綴っている。

いくさはいよいよ酣（たけなわ）となり、日本の文壇は軍国主義と妥協したり、それを煽（あお）ったりしていた。そのすべてが――もちろん例外が全くなかったわけではないが――私には本来の意味での文学とは思われなかった。身の周りには同時代の文学がない。やむことをえず、私は、あるいは私たちは、フランス文学のなかに同時代を見出そうとしていたのであろう。いつ兵士として召集され、戦場であるいは戦場に向かう途中で、殺されるかわからないという状況のもとでは、自分自身と同じように感じる人間が、地上のどこかに生きて呼吸していると感じることが、生きてゆくために必要な条件の一つとなる。（「フランスから遠く、しかし……」ルネ＝ドゥ・ベルヴァル著『パリ1930年代――詩人の回想』岩波新書、一九八一年）

源実朝論も「ノートⅧ」に書き、『しらゆふ』に発表したが、源実朝の『金槐集』は、加藤が愛読していた古典の一つである。愛読した理由は二つある。一つは加藤自身も戦争が進むなかで、自分もいつ死ぬかわからないという実感があり、源実朝の孤独と死の予感の意識と共通するものがあったこと。もう一つは、当時、『万葉集』人気とともに『金槐集』も人気が高かった。それは『金槐集』の一部の歌が万葉調だといわれていたからである。そういう風潮に対する批判として書いたこと。この二つである。

一九四一年一二月八日

太平洋戦争の始まった日について、加藤は「ノートⅧ」に記し、のちに『羊の歌』に綴った。しかし、両者に書かれる内容はかなり異なっている。

「太平洋戦争」といわれる戦争が始まったという事実を知ったのは、一二月八日の朝、大学に着いたときのことである。「ノートⅧ」では友人から「とうとうはじまったね」と声を掛けられる。ところが『羊の歌』では、一人の学生が大学構内で号外を読みあげたとある。いずれにせよ、登校するまで加藤は開戦という事実を知らなかったことになる（写真補3－2）。

「ノートⅧ」では、授業に出ると教授たちは「医学生の覚悟」を促し、「男子の本懐」を説いたとある。しかし、加藤はヴェルレーヌを思い、歌川広重（うたがわひろしげ）の絵を思い出しつつ、「弾丸や飢えは僕を変へるであらう。勇気の要るのもその時であらう。それまでは如何（いか）なるニュースも僕を変へる

ハワイ・比島に赫々の大戦果

米海軍に致命的大鐵槌
戰艦六隻を轟沈大破す
航母一、大巡四をも撃破

畏し陸海将兵に勅語

戰艦ウエスト・ヴアージニア撃沈

比島で敵機百を撃墜

米自慢の「空の要塞」撃滅

写真補3－2　太平洋開戦を告げる『朝日新聞』（1941年12月9日）

ことは決してない。僕は今も晴れた冬の空を、美しい女の足を、又すべて僕の中に想出をよびさますあの甘美な旋律を愛する。présence とは豊かなものだ」と綴った。

太平洋戦争開戦の日に、「弾丸や飢えは僕を変へるであらう」と恐れた日本人はどれほどいただろうか。同時に、冬の空の澄んだ青さと、女の脚の美しさと、ショパンの音楽の美しさに思いをいたした人もきわめて稀（まれ）だったろう。

一方『羊の歌』「ある晴れた日に」には次のように書かれる。「附属病院のなかの階段教室へ入り、診断学の講義――でそれはあったろう――が、いつものようにはじまって、いつものように終るのを、茫然と見守っていた。講義の内容は耳に入らず、ただ落着き払った教授が今朝の号外のことを知っているのだろうか、それともまだ知らないので、何事もおこらなかったかのように平然としているのだろうか、と考えつづけていた」。

この違いは何だろうか。「ノートⅧ」に記したのは、おそらく開戦、その日のことに違いない。『羊の歌』に綴ったたのは、開戦から四半世紀後のことである。それでも一二月八日のことを間違って記憶したとは考えにくい。「医学生の覚悟」をいい、「男子の本懐」だといった教授もいれば、何事もなかったように講義を進めた教授もいたということなのだろうか。

いずれにせよ、開戦の事実によって加藤自身が鼓舞されることはなく、暗澹（あんたん）たる思いに沈んでいたことは間違いない。自宅に戻ると母ヲリ子から「どうなるのだろうかね」と問われ、「勝ち目はないですね」「他に考えようがないですよ」と苛立ちながら、吐き捨てるように答えている（『羊の歌』「ある晴れた日に」）。

「その頃の私はいくさが近づきつつあることを知らなくはなかったが、英米両国を相手にしてのいくさがほんとうにおこるだろうとは信じていなかった」（同上）と綴る。これは加藤家と親しくしていた大叔父岩村清一の考えでもあった。海軍リベラル派の岩村は、米国一国を相手とする戦いならば、まだ作戦の立てようはあるが、英米両国相手の戦いでは、作戦の立てようがない、と語るのを加藤は聞いていた（写真補3－3）。

文楽かベートーヴェンか

『羊の歌』「ある晴れた日に」には、加藤は、この日新橋演舞場に文楽の引っ越し公演を観に行

一九四一年十二月八日

Enfin la guerre. enfin chez nous. déclaration de la guerre de notre gouvernement. Qui a fait? et pourquoi?

K君が朝大学の裏門を潜った所で、亜遠作に話かけ[illegible]《とうとうやったな》

T教授が授業のあとで、手術台に手をかけながら、《医学生の覚悟》を促す。《はじ》まりましたね、かう云ふ緊張した所で勉強するのも男子の本懐ですかな。やりませうことを[illegible]、S助教授は胃癌を論じはじめる。皆がそれを話題にする。街にはラヂオの前に、人が集って、ニュースをきいてゐる。T彦相模の放送をきく人の群のやうに。しかしそれよりも落着いた、静かさで。

最も静かなものは空である。今日、冬の空は青く、[illegible]冴く澄んである。水のやうに静かに。ヴェルレースの聖なる静寂を想はせる。Le ciel est par-dessus les toits, ——は何と美しい言葉であらう。そしてヴェレーニ—の海辺の空——. Toutes les choses, autour de moi, étaient simples et par[illegible]: le ciel, le sable, l'eau. のみならず maison de charité を出た僕は、西の方、工場の煙突の上に、折から暮れやうとする本郷の空を見た。

写真補3－3　『青春ノートⅧ』「1941年12月8日」の項

ったとある。やがて戦争によってかき消されるだろう日本文化に対する哀惜の念が加藤にはあったということでよく知られた件である。しかし、何を観たかについてははっきりと書かれていない。

わずかに「今頃は半七さん……」という科白が引用され『艶容女舞衣　酒屋の段』であったことが示唆され、名人古靭大夫が語ったように記される。

ところが、当時の講演記録によれば、一二月八日には『艶容女舞衣　酒屋の段』は上演されず、古靭大夫は戦時中「酒屋の段」を一度も語っていないとみずから述べる（『豊竹山城少掾聞書』和敬書店、一九四九年）。「酒屋の段」は他の義太夫によって、翌一二月九日から上演された。つまり「一二月八日」と「今頃は半七さん」と「古靭大夫」とが一つに結びつかないのである。しかも八冊にわたる『青春ノート』には、文楽についての記述はどこにも、ただの一行も綴られていない。

だからといって、加藤がその後『艶容女舞衣　酒屋の段』を一度も観ていないわけではない。のちのちに書いた「柱をめぐる旅」という文章で「人形浄瑠璃の舞台で、柱をめぐっての立廻りや「今頃は半七さん……」の科白が柱と切り離せないことも知った」（『太陽』平凡社、一九八八年八月号、「著作集19」収録）と書いたが、これは実際の舞台を観ないと書けない文章である。

一方、「ノートⅧ」には、「豊増昇のベートーヴェンをききに行こうと思ったが、妹が心細いと云ふからやめた」とある。実妹本村久子の証言によれば、母の止めるのを振り切って出かけた。

どこに出かけたのか。「さあ、音楽会だったかしら。そのへんは記憶がはっきりしません」とやや曖昧に答えてくれた。しかし、加藤は豊増昇のベートーヴェン・ピアノソナタ演奏会に行ったのだと私は確信する（二つの公演は同じ時間帯の公演であり、二つとも観ることは不可能である）。

豊増は戦前から戦後初期にかけて活躍した名ピアニストで、指揮者小澤征爾やピアニスト舘野泉の師匠である。一九四一年、豊増は二九歳の若さで、ベートーヴェン・ピアノソナタの全曲演奏会（全七回）を続けていて、一二月八日はその最終演奏会の日であった（精しくは拙著『加藤周一はいかにして「加藤周一」となったか』（岩波書店、二〇一八年）参照）。

一二月八日に、ベートーヴェンを聴きに行った理由は何だろうか。加藤は戦争に勝ち目はないと判断していた。いずれ戦争が激しくなり、芸術を楽しむどころではなくなる、しかも自分は、戦争によって生命を落とす可能性があると認識していた。芸術に触れる最後の機会かもしれない、という予測さえあったろう。それが妹には心細いといわれ、母からは止められたにもかかわらず、出かけていった理由に違いない。

第6章　大学卒業後

1　「近代」の再発見【丸山】

助手採用

一九三七（昭和一二）年三月に東京帝国大学法学部を卒業した丸山眞男は、四月に同学部助手に採用された。この年の七月には日中戦争が始まり、加速度的に世情が悪化していく中で、丸山は南原繁の指導を受けながら日本政治思想史専攻の研究者としての道を歩んでいく（写真6－1）。

助手時代に丸山は南原の指示で、東京帝国大学文学部の「日本思想史」講義（平泉澄担当）と「日本倫理思想史」講義（和辻哲郎担当）を聴講した。いずれも、天皇機関説事件を機とする国体明徴運動の一環として設置された「国体学」講座だった。法学部に設置された「国体学」講座は「政治学、政治学史第三講座」（「東洋政治思想史」）であり、初年度は早稲田大学教授の津田左

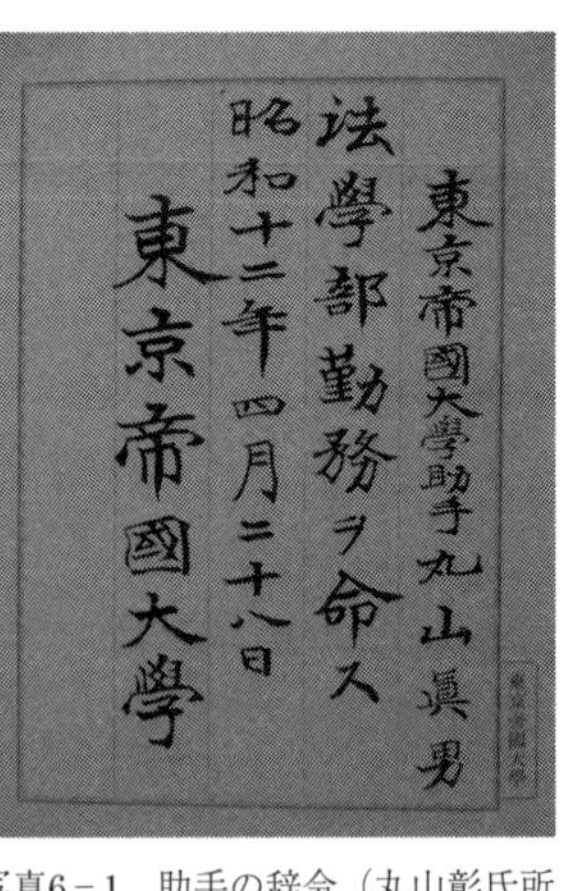

写真6－1　助手の辞令（丸山彰氏所蔵）

右吉が、その後は東北帝国大学教授の村岡典嗣（むらおかつねつぐ）が、いずれも非常勤講師として担当した。村岡の後にこの講義を担当したのは丸山自身である。

丸山は津田と村岡の講義にも出席したが、一九三九（昭和一四）年一二月に行われた津田の講義の最終回では、出席していた右翼学生が津田を質問攻めにする場面に遭遇している。このとき丸山は津田をかばい、強引に教室の外に逃したという。やがて津田に対する国粋主義団体の攻撃が激化し、一九四〇（昭和一五）年一月に津田は早稲田大学教授を辞職。翌月には津田が岩波書店から出版していた日本神話と日本古代史に関する四冊の著書が発行禁止処分となり、三月には津田と岩波書店の岩波茂雄（いわなみしげお）が出版法違反で起訴されるに至った。すでに一九三九年には東京帝国大学でいわゆる平賀粛学があり、河合栄治郎や蠟山政道が教授職を辞していたが、思想統制の矛先は丸山の専門領域にまで及んできたのである。丸山は南原の意を受けて、津田の無罪判決を求める上申書への署名集めに奔走している。

専攻した日本政治思想史の分野で丸山は、儒学の古典や江戸時代の儒学者・国学者の著作の研究に打ち込み、やがて江戸中期の儒学者・荻生徂徠（おぎゅうそらい）（一六六六〜一七二八）の学問に着目していく。助手には任期中に論文執筆が義務づけられており、丸山が書き上げたのは「近世儒教の発展における徂徠学の特質並（ならび）にその国学との関連」と題する論文だった。この論文で丸山は、荻生徂徠による朱子学批判から本居宣長（もとおりのりなが）（一七三〇〜一八〇一）の国学に至る江戸時代思想史の展開のうちに、「公的」な領域と「私的」な領域を分離し、後者を道徳的・政治的統制から解放するという「近代的意識」の成長を跡づけようと試みている。

読書

助手時代、丸山は戒能通孝（かいのうみちたか）、磯田進、辻清明（つじきよあき）、寺田熊雄（てらだくまお）と明治維新史や日本経済史に関する研究会を行い、土屋喬雄（つちやたかお）『日本経済史概要』（正続）などを読んだ。また、学生時代に引き続きマルクスの著作に取り組んだ他、ヘーゲル『精神現象学』、マックス・ウェーバー『プロテスタンティズムの倫理と資本主義の精神』、ボルケナウ『封建的世界像から市民的世界像へ』、大塚久雄『株式会社発生史論』『欧州経済史序説』などを読んだ。

その他にも、中国の古典哲学について、儒家以外の諸子百家の思想を学ぼうと思い、『荀子』や『墨子』に取り組んでいる。また、概説書である馮友蘭（ふうゆうらん）『中国哲学史』も手にとった。儒学や国学にとどまらないこのような読書によって、村岡典嗣から「我々の常識からすると奇妙」だと評されたユニークな助手論文が生み出されたのである。

一方、丸山の実存を強く揺さぶったのがドストエフスキーである。大学卒業前後に読んだ『悪霊』によって、ソビエトの学問に幻滅しつつもなお抱いていた社会主義に対する信念は打ち砕かれ、夜も眠れないほどのショックを受けたという。

私の社会主義への素朴な漠然とした帰依みたいなものが、あそこにでてくるピョートル・ヴェルホエンスキーですか、ああいう革命家のタイプとか、無神論のゆきつく果てとかをつきつけられて、ガラガラと崩れるような感じがしました。いかなる反マルクス主義の書物からもこれほど大きな打撃は受けませんでした。いまでもそのショックから立ち直れないのかもしれない。

（丸山眞男・古在由重「一哲学徒の苦難の道」一九六五年）

福沢諭吉研究

もう一人、この時期の丸山の関心を引きつけたのが福沢諭吉（一八三五〜一九〇一）であった。学生時代は、「皇国の精神」や「日本主義」などが高唱されていた時代への反感から、日本の思想家の著作には目もくれなかったが、助手に採用されて日本政治思想史を専攻するようになったため、福沢の著作を初めて手にとったのである。

福沢を読みはじめると、猛烈に面白くてたまらない。面白いというより、痛快々々という感じです。そういう感じは今からはほとんど想像できないくらいです。とくに『学問のすゝめ』と、この『文明論之概略』は、一行一行がまさに私の生きている時代への痛烈な批判のように読め

て、痛快の連続でした。（『「文明論之概略」を読む』一九八六年）

やがて丸山は荻生徂徠と並んで福沢の研究にのめり込み、ライフワークとするようになる。徂徠と福沢を思想史研究の出発点に据えたことは、「近代」を再評価していく丸山の関心の所在を端的に示している。

ただし、福沢に対する傾倒は盲目的なものであったわけではない。福沢を批判的に対象化する視座もこの時期に獲得されていた。それは、肺炎療養の病床で手にした波多野精一『宗教哲学』（一九三五年）を通じて触れたキリスト教である。後年の丸山の説明によると、福沢のいわゆる「人間蛆虫論」は、ヒューマニズム（人間中心主義）を突き詰めていった結果たどり着いた、自我と絶対者を同一化するようなヒューマニズム否定論である。

福沢には自我を絶対者によっていったん否定するという契機が存在しないため、ヒューマニズムを積極的・肯定的に超えるために依拠できるものがない。これに対しキリスト教は、ギリシャ思想の即自的なヒューマニズムをいったん否定し、神概念によってこれを乗り越えた上で「人間の尊厳」を発見した。丸山はその意義を高く評価するのであり、ここで福沢の哲学との距離が自覚されているのである（笹倉秀夫「丸山眞男インタビュー全三回の記録（一九八四〜一九八五年）」）。

交友関係

丸山は助手に就任した一九三七年から入営までのあいだ、ほとんど毎年のように長野県の志賀高原発哺にある温泉宿「天狗の湯」で夏を過ごすようになり、ときには冬にスキーを楽しんだ。丸山は一高以来の友人たちとともに滞在していたが、この宿は仏文学者の落合太郎、桑原武夫、生島遼一、憲法学者の黒田覚といった京都大学関係者や三好達治（詩人）、島木建作（作家）らの定宿となっており、こうした人々とも定期的に交流した。

このうち、丸山の専門にもっとも近かったのが黒田であった。丸山文庫には、初めての発哺行きの翌年にあたる一九三八年に刊行された黒田の著書『日本憲法論』（上、改訂再版、弘文堂）が収められており、丸山の詳細な書き込みが残されている。丸山が黒田の研究に着目したのは、それがカール・シュミットの憲法制定権力論や正統性の根拠に関する議論を用いて日本の憲法を分析したものだったからである。

この本で黒田は、憲法制定権力と組織化された権力を区別するシュミットの議論を踏まえ、憲法制定権力を主権と同一視し、その主体が君主であるか国民であるかによって君主国か民主国かという国体の分類を行うべきと主張する。黒田によれば、大日本帝国憲法第一条「大日本帝国ハ万世一系ノ天皇之ヲ統治ス」は、日本が君主国であることを明示した「国体的規定」であった。

さらに、憲法制定権力には「力」だけでなく「権威」も含まれているというシュミットの指摘を紹介し、後者を「正当性」〔ママ〕（Legitimität）的契機と理解した上で、政治的統一体としての国家の「正当性」の窮極的基礎が君主国では君主に存し、民主国では国民に存することを認識しなければならないとする。シュミットを手がかりとしてこのように問題を整理した黒田は、「日本国体学」なるものが将来成立するとすれば、それは憲法第一条に示された日本に特有の「正当性」的観念、いいかえれば日本なりの「君主的正当性」の基礎的構造や歴史的構造などを研究するものとなるであろうと述べている。

以上のような黒田の議論を丸山は、「国体について正統性の根拠を確保する」ことをめざした非常に斬新なものと評価している（丸山眞男他「生きてきた道」一九六五年）。丸山はのちに、国体や天皇がもつ Legitimität の意味での正統性を考察対象としていくが、その際には黒田が行った問題の整理も念頭に置かれていたであろう。

助教授昇任

助手論文が高い評価を受けた丸山は、一九四〇年六月に東京帝国大学法学部助教授への昇任が認められた。助教授となってから二年間は講義を免除されたため、この間に丸山は助手論文を補う内容の論文「近世日本政治思想における「自然」と「作為」――制度観の対立としての」を発表している。

明治維新後まで筆を伸ばしたこの論文では、儒学で人がのっとるべきとされる「道」は古代中国の「聖人」が制作したものであると理解する荻生徂徠の解釈を出発点とした。丸山はここから、秩序を自然的所与として受け取るのではなく、人が作り上げるものと考える「作為」の論理を取り出す。

丸山によれば、この論理こそ「近代」のメルクマールである主体的能動性の表れにほかならない。そして、徂徠においては統治者が「上から」秩序を作為するという前提がとられていたのに対し、明治期の福沢諭吉や自由民権論者に見られる契約説はこれを転倒し、民衆が「下から」秩序を作り上げるという観念に到達した。被治者である民衆の自由と権利は、民衆自身の手によって政治的秩序が作為されることで初めて確保される。

こうして丸山は、「公的」領域と「私的」領域の分離という助手論文の議論を一歩進め、政治という「公的」領域のあり方が個人の自由と権利を保障する「近代」的なものとなっていく道筋を、日本の思想史の中に見出そうとした。「近代」の限界を打破することが日本の使命であるという議論が声高に唱えられる時代にあって、丸山は、自由と権利を普遍的な価値として擁護しようとする「近代」の理念に立ち返ろうとしたのである。

講義

丸山が「東洋政治思想史」の講義を担当するのは一九四三（昭和一八）年度からとされていたが、実際には一九四二（昭和一七）年一〇月に始まった。戦時下の特別措置として卒業が繰り上げられ、

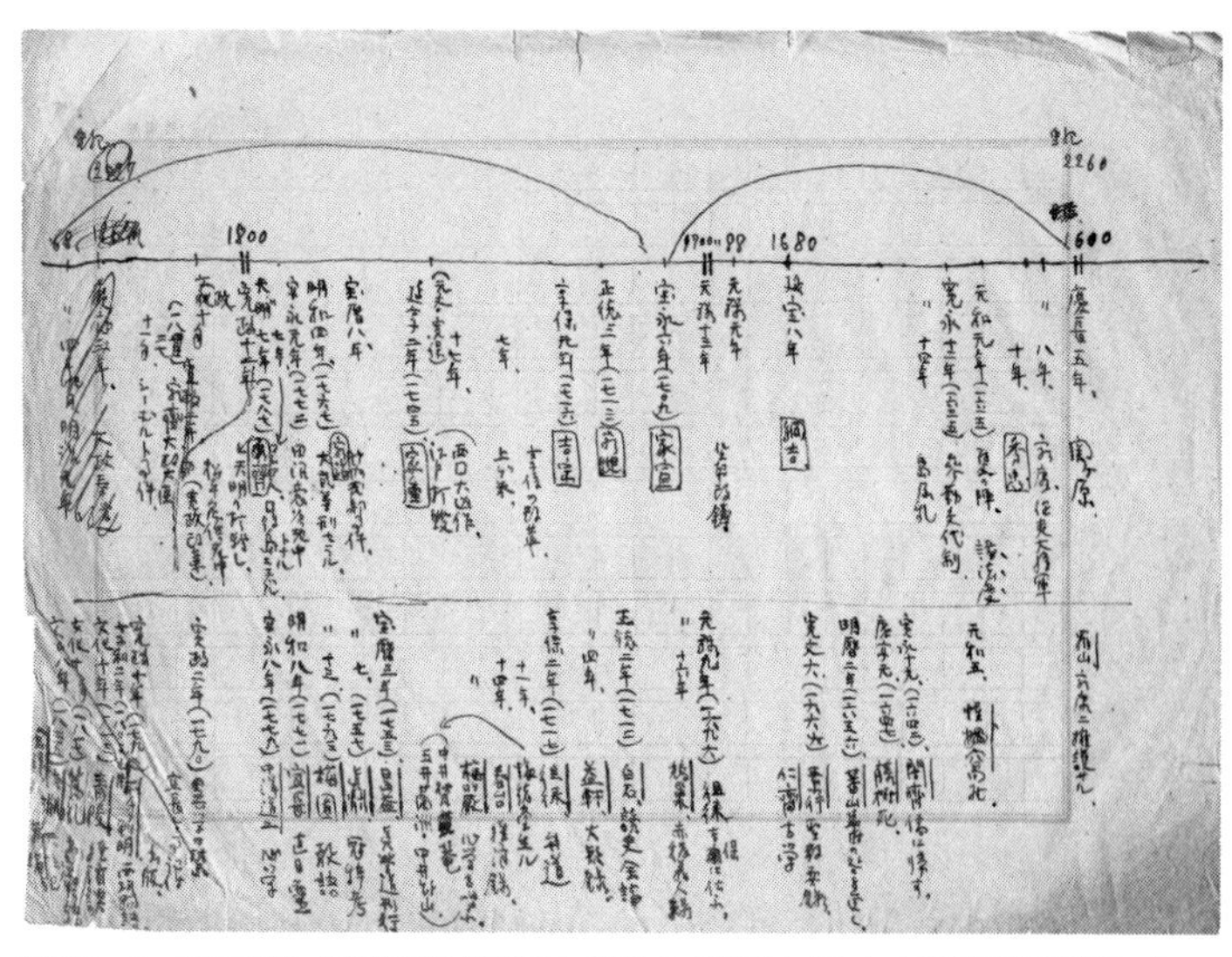

写真6－2　1943年度「東洋政治思想史」講義の「別表」（丸山文庫草稿類資料347）

学期が短縮されたので、一九四三年度は通常より半年早い開始となったのである。

丸山のそれまでの研究は問題史の構成をとっていたが、講義は江戸時代の主要な思想家を通史的に順番で取り上げるという内容で行ったため、多くの部分を新たに勉強しながら講義するという自転車操業となった。特に前半の学期は講義が週二回あり、徹夜の連続だったという。丸山にとっては意に満たない出来であったが、講義のために幅広く勉強したことは、丸山の研究に新たな展開をもたらす源泉となった（写真6－2）。

結婚

助教授となった丸山のもとには多数の縁談が舞い込むようになったが、丸山はそれらをすべて断っている。そして一九四四（昭和一九）年三月、高校以来の友人である小山忠恕の妹ゆか里（一九二三～二〇一二）と結婚した。妻ゆか里は鉄道省技師小山磐・藍の四女で、一九四二年に東京都立駒場高等学校の前身である東京府立第三高等女学校高等科を卒業。丸山の入営中は病に倒れた義母セイの看護にあたった。戦後は史料の書き抜きや速記などを通じて丸山の研究を助けている。

丸山の没後、ゆか里は東京女子大学に丸山が遺した蔵書や草稿類を寄贈した。東京女子大学はこれを収めるために丸山眞男文庫を設立し、現在でも所蔵資料の公開と整理、調査研究を継続している。

2　いのちの灯【加藤】

繰り上げ卒業

中国を戦場とした戦争は、一九三一（昭和六）年に満洲事変が起き、一九三七（昭和一二）年には日中戦争となって戦場は中国全域に拡がった。さらに一九四一（昭和一六）年一二月の真珠湾攻撃、マレー半島上陸以降、戦線は太平洋・東南アジアにまで拡大する。半年間は破竹の勢いで勝ち進んだものの、戦況は次第に日本にとって思わしくなくなり、戦闘員と物資は不足する。

ことに一九四二（昭和一七）年六月のミッドウェー海戦で日本海軍が敗れたことを転機に、敗色が濃くなってゆく。加藤が高校生のときから採り続けていた『青春ノート』が同年四月で終わっているのは、戦況悪化が加藤に与えた精神的影響が一因かもしれない。

東条英機内閣は学生に与えられていた徴集猶予を制限し、修業期間を次第に短縮し、一九四三（昭和一八）年一二月には文系の学生を中心に学徒出陣を始めた（写真6－3）。加藤の周囲でも、マチネ・ポエティク同人の中西哲吉は二等兵として、原田義人は幹部候補生として、召集された。加藤は理系だったこともあり、召集されなかったが、いつ召集されるかわからないという不安と、召集されずに済んだことに対する「後ろめたさ」とを感じていた。

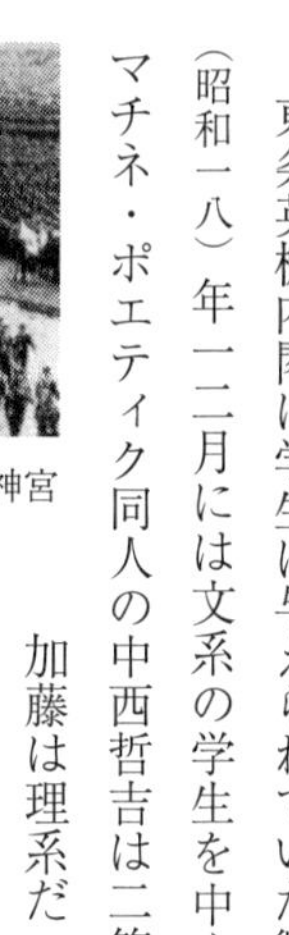

写真6－3　出陣学徒壮行会（1943年10月、東京・神宮外苑）

旧制大学医学部の修業期間は四年間であり、通常ならば一九四四（昭和一九）年三月に卒業の予定であった。しかし、卒業は六カ月繰り上げられ一九四三年九月となった。軍医となることを希望する医学生も少なからずいたが、加藤は軍医になることを希望しなかった（写真6－4）。

副手として医局勤務

医学部を卒業しただけでは医師になることはできない。学生時代に

写真6－4　医学部内科教室の学生たち、後方一人無帽が加藤、最前列右端は島薗安雄。加藤と島薗は敗戦直後の原子爆弾影響日米合同調査団に加わった。

は患者を診ることができないからである。今でいう「研修医」、当時は「副手」として、診察の訓練を受けなくてはならない。加藤は佐々貫之が主宰する医局に配属され、のちに血液学の大家となる中尾喜久と三好和夫に指導を受けることになった。

加藤にとって医者の世界は、子どものときから慣れ親しんだものであった。しかし、中尾と三好が指導した実験科学の方法は徹底していて、加藤は二人から医学の方法、あるいは科学の方法の基本を叩きこまれることになる。

中尾は「それだけの事実から、そういう結論は出ないね、そうであるかもしれないが、確かにそうだとはいえない」と諭し、三好は「自分で測りなおさなければだめだ。誰の数値でも、それをもとにしてものがいえると思ったら、大まちがいだぜ」と釘を刺した（『羊の歌』「内科教室」）。

このような実証主義的な方法を、加藤はものを観る場合、考える場合の基本的な方法として身に付けた。美術を論ずるときにも、実際の作品を観ない限りはその作品を論じない、文学を評するときにも、実際の作品を読まない限りは評しない。そういう態度と方法は、厳しい医学的訓練の賜物であろう。

軍医として召集される医者も増え、医局員の数は少なくなり、加藤は多忙を極めるようになる。そのうえ東京の交通事情が悪化し、通勤にも支障をきたすようになると、病室の一部を泊り込み用の部屋とすることが暗黙のうちに認められるようになった。加藤はいつのまにか二等病室（当時は一等病室、二等病室、三等病室があり、二等病室が最多だった）の一部屋に住み、そこに小型の蓄音機とフランス文学の書物をもちこんだ。

かくして、昼間は病棟で患者と接して治療にあたり、夜間は部屋に戻り、どんなに疲れていようとも、西洋古典音楽を聴き、フランス文学を読むという日々を送った。加藤の寝泊まりしていた病室に、森有正が訪ねてくることもあった。二人はフランス文学や西洋音楽についての談論を楽しんだ。

初めての女友だち

病室に泊まり込むようになると、看護婦室で勤務する看護婦たちの顔を覚えるようになった。そのうちの一人の看護婦は、加藤に夜食をつくってくれ、自分では食べずに、加藤は全部を平らげた。その事実を書いた加藤には、みずからを責める気持ちがあったのだろう。

看護婦室は一見雑然としていた。しかし、加藤はその雑然さのなかに整理されつくした複雑な秩序を発見する。一見雑然としたなかに複雑な秩序を発見させたものは何か。それは相手に対する関心の深さに違いない。加藤はこの看護婦に強い関心と愛情を抱いていた。こうして彼女の出身地の内房を一緒に訪れるのであった。

一九四五（昭和二〇）年三月九日深夜から一〇日未明にかけて、東京は大空襲に遭う。東京大学病院も被災する。小説『ある晴れた日に』によれば、加藤らは防空壕に逃れる。そこには心を寄せていた看護婦もいた。彼女は、まだやれることがあるかもしれないといって病棟に戻ることを主張した。

彼女に対して、行っても無駄だからここにいるようにと強くいう。彼女は「先生は……」といい残して飛び出していった。それが彼女を近くに見た最後で、彼女は二度と加藤の部屋には現れなかった。加藤の小説の書き方は身近に起きた事実をもとに脚色を加えていく。そういう書き方を前提とすれば、おそらくこれに近い事実が実際にあったのだろう。この日、加藤の淡い恋は終わった。

同僚医師との論争

ある日のこと、医局内で同僚医師との論争になった。それは日本軍が守備する島に米軍が上陸したという報道をきっかけとして起こった。報道は「断固敵を粉砕する」といい、加藤は「どうせまた、米軍が占領するのだろう」とつぶやいた。ところが、同僚医師が「どうせまた、とは何ですか」と論争が始まった。「必勝の信念」と「客観的な状況判断」との論争だった。

この論争について、加藤は二度書いている。一度は先輩医師との論争として（小説『ある晴れた日に』）、もう一度は若い後輩医師との論争として（自伝的小説『羊の歌』）。いつのことなのか、どこの島のことなのか。『ある晴れた日に』には沖縄と書かれ――それならば一九四五（昭和二〇）年四月から六月にかけてのことだろう。ということは、この論争は上田に疎開中に起きたことになる――、『羊の歌』には、島の名も日付も明らかにされていない（写真6－5）。

どちらか一方が真実で、どちらか一方が虚構だろうか。あるいは両方とも虚構だろうか。それを確認することはできないが、おそらく似たような論争は、何時だったか、何処だったかで、実際にあったのだろう。知識人――合理的な分析と判断ができる人たちだと加藤は考える――であっても、自分の専門以外では、そのような合理的な分析と判断を放棄してしまう知識人がいることを、加藤は身をもって知ったのである。

この経験は、日本の知識人が科学的な思考方法をもっていないのではなく、時と場合によってはそれを容易に放棄してしまうという特徴として捉えることになる。そして「戦争と知識人」（『近代日本思想史講座4　知識人の生成と役割』筑摩書房、一九五九年）という加藤にとって重要な論考に結実していく。この論考

写真6－5　『ある晴れた日に』初版本（月曜書房、1950年）、装幀は六隅許六こと渡辺一夫

は一連の雑種文化論（一九五五年）と並んで主著『日本文学史序説』への助走と位置づけられるものである。

中西哲吉の死

中西哲吉は第一高等学校の後輩であり、「マチネ・ポエティク」の同人でもあった。高校生のときから文筆に優れ、周囲からはその文才を高く評価されていた。長谷川泉は「高校生離れした剛腕のライターが二人いた。一人は東村勝人、一人は中西哲吉である」（『嗚呼玉杯 わが一高の青春』至文堂、一九八九年）と記す。山崎剛太郎は「論理的な頭脳をもち、真面目で、反軍的な思想の持ち主だった」と述べた。

加藤と同じように、詩を詠み、小説を書き、評論を著し、戯曲もつくった。その反軍的思想は大学当局から睨まれるところとなる。中西は、ときに筆名を使い、ときに他の学生の名前を騙って、学内紙誌に投稿した。掲載禁止処分を受けたこともあったが、中西はひるまなかった。このような中西を加藤は高く評価した（写真6－6）。

中西は学徒動員で戦地に赴くこととなる。大学生は幹部候補生として召集されるが、中西はそれを嫌い二等兵として応召した。その中西がフィリピンで戦病死したという報せが届いた。

中西は死んでしまった。太平洋のいくさの全体のなかで、私にどうしても承認できないことは、あれほど生きることを願っていた男が殺されたということである。（中略）みずから進んで死地に赴いたのでも、「だまされて」死を択んだのでさえもない。遂に彼をだますことのできなかった権力が、物理的な力で彼を死地に強制したのである。私は中西の死を知ったときに、しばらく茫然としていたが、我にかえると、悲しみではなくて、抑え難い怒りを感じた。太平洋戦争のすべてを許しても、中西の死を私が許すことはないだろうと思う。それはとりかえしのつかない罪であり、罪は償われなければならない。……（『羊の歌』「青春」）

写真6－6　左から山崎剛太郎、加藤周一、中西哲吉（1938年頃）

加藤は戦争を語り、憲法第九条の護持についてのべるとき、しばしば「裏切りたくない」という。それは「中西の死」に対してである。「羊のようにおとなしい沈黙を守ろうと考えたときに、実にしばしば中西を想い出した」（同上）。加藤たちは中西を「空又覚造」と呼んだ。それは中西を表現したというよりみずからを奮い立たせるための命名だったように思われる。加藤の憲法第九条を護るという姿勢は、親友を失った罪に対する償いなのであり、決して揺るがないものであった。

第7章
敗戦の体験

1　真珠湾攻撃からポツダム宣言へ

太平洋戦争が始まって半年間、日本軍は破竹の勢いで進んだ。グアム占領（一九四一年一二月）、マニラ占領（一九四二年一月）、シンガポール占領（一九四二年二月）、ジャワ島上陸（一九四二年三月）、ラングーン占領（同年同月）、バターン半島占領（一九四二年四月）、ビルマのマンダレー占領（一九四二年五月）。一方、太平洋ではハワイ諸島の東には進めなかった。一九四二（昭和一七）年六月に西太平洋のミッドウェー海戦で、空母四隻を失う。これを機に日本軍は劣勢に転じる。

日本軍の撤退や全滅は各地で相次いだ。ガダルカナルに米軍上陸、ソロモン海戦（ともに一九四二年八月）、ガダルカナル（一九四二年一二月）、ニューギニア（一九四三年一月）、アッツ島（同年五月）、マーシャル群島（一九四四年二月）、サイパン島（同年六月）、グアム島（同年七月）、テニアン島（同年八月）、レイテ沖海戦（同年一〇月）と敗北が続く。

写真7－1　1945年3月10日の東京大空襲を受けて焼野原になった東京・両国付近。手前右の丸い建物は両国国技館、左手の四角い建物は両国小学校、右手に流れる川は隅田川。

サイパン、グアムを失い、日本周辺の制空権、制海権を奪われ、B29の日本列島への空襲が一九四四（昭和一九）年一〇月以降本格的に始まった。空襲だけではなく、海岸近くから砲撃する「艦砲射撃」も各地で受けた。一九四五（昭和二〇）三月九日の深夜から一〇日未明にかけて、東京に対しておよそ三〇〇機のB29による夜間無差別爆撃が行われ、二二万戸の家屋が焼失し、一二万人の死傷者が出た（写真7－1）。

続いて三月一三日には名古屋が、一四日には大阪が、一七日には神戸が大空襲を受ける。四月一日にアメリカ軍は沖縄本島に上陸、六月二三日に守備軍が全滅する。にもかかわらず、最高戦争指導会議は、六月八日に「本土決戦」を決め、新聞・ラジオも「聖戦貫徹」「焦土作戦」を唱え、戦意を鼓舞し続けた。

一方、連合国は、一九四五年二月にヤルタ会談で（米英ソが参加）、ドイツの戦後処理のほかに、ソ連の対日参戦と、ソ連の南樺太、千島の奪回を決めた。さらに七月にはドイツのベルリン郊外ポツダムで米英ソによる会議をもち、会議における合意に基づいて、米英と中国による日本の無条件降伏を求めるポツダム宣言を出した。後日にソ連が署名に加わった。しかし、鈴木貫太郎内閣は七月二八日「ポツダム宣言黙殺・戦争邁進」の談話を発表する。

アメリカ軍は、八月六日広島に、同九日に長崎に原子爆弾を投下し二〇万を超える犠牲者が生じた。しかも八月八日にはソ連が対日宣戦布告する。八月一四日御前会議が開かれ、昭和天皇の「裁断」によってポツダム宣言を受け入れることを決定。八月一五日正午の「玉音(ぎょくおん)放送」によって、敗戦が詔勅という形で告げられた。詔勅は以下の通りである。

朕深ク世界ノ大勢ト帝国の現状トニ鑑ミ非常ノ措置ヲ以テ時局ヲ収拾セムト欲シ茲ニ忠良ナル爾臣民ニ告グ

朕ハ帝国政府ヲシテ米英支蘇四国ニ対シ其ノ共同宣言ヲ受諾スル旨通告セシメタリ

抑ゝ帝国臣民ノ康寧ヲ図リ萬邦共栄ノ楽ヲ偕ニスルハ皇祖皇宗ノ遺範ニシテ朕ノ拳々措カサル所曩ニ米英二国ニ宣戦布告セル所以モ亦実ニ帝国ノ自存ト東亜ノ安定トヲ庶幾スルニ出テ他国ノ主権ヲ排シ領土ヲ侵スカ如キハ固ヨリ朕カ志ニアラス然ルニ交戦已ニ四歳ヲ閲シ朕カ陸海将兵ノ勇戦朕カ百僚有司ノ励精朕カ一億衆庶ノ奉公各々最善ヲ尽セルニ拘ラス戦局必スシモ好転セス世界ノ大勢亦我ニ利アラス加之敵ハ新ニ残虐ナル爆弾ヲ使用シテ頻ニ無辜ヲ殺傷シ惨害ノ及フ所真ニ測ルヘカラサルニ至ル而モ尚交戦ヲ継続セムカ終ニ我カ民族ノ滅亡ヲ招来スルノミナラス延テ人類ノ文明ヲモ破却スヘシ斯ノ如クムハ朕何ヲ以テカ億兆ノ赤子ヲ保シ皇祖皇宗ノ神霊ニ謝セムヤ是レ朕カ帝国政府ヲシテ共同宣言ニ応セシムルニ至レル所以ナリ

朕ハ帝国ト共ニ終始東亜ノ解放ニ協力セル諸盟邦ニ対シ遺憾ノ意ヲ表セサルヲ得ス帝国臣民ニシテ戦陣ニ死シ職域ニ殉シ非命ニ斃レタル者及其ノ遺族ニ想ヲ致セハ五内為ニ裂ク且戦傷ヲ負ヒ災禍ヲ蒙リ家業ヲ失ヒタル者ノ厚生ニ至リテハ朕ノ深ク軫念スル所ナリ惟フニ今後帝国ノ受クヘキ苦難ハ固ヨリ尋常ニアラス爾臣民の衷情モ朕善ク之ヲ知ル然レトモ朕ハ時運ノ趨ク所堪ヘ難キヲ堪ヘ忍ヒ難キヲ忍ヒ以テ萬世ノ為ニ太平ヲ開カムト欲ス

朕ハ茲ニ国体を護持シ得テ忠良ナル爾臣民ノ赤誠ニ信倚シ常ニ爾臣民ト共ニ在リ若シ夫レ情ノ激スル所濫ニ事端ヲ滋クシ或ハ同胞排擠互ニ時局ヲ乱リ為ニ大道ヲ誤リ信義ヲ世界ニ失フカ如キハ朕最モ之ヲ戒ム宜シク挙国一家子孫相伝ヘ確ク神州ノ不滅ヲ信シ任重クシテ道遠キヲ念ヒ総力ヲ将来ノ建設ニ傾ケ道義ヲ篤クシ志操ヲ鞏クシ誓テ国体ノ精華ヲ発揚シ世界ノ進運ニ後レサレムコトヲ期スヘシ爾臣民其レ克ク朕カ意ヲ体セヨ

裕仁　天皇御璽

昭和二十年八月十四日

日本は一九四五年九月二日に降伏文書に調印した。日本を含めてアジア全体で二〇〇〇万以上の民を犠牲にした戦争は、ついに日本の敗北に終わった。

2 「開かれた社会」への出発【丸山】

軍隊生活

大学卒業後の一九三七（昭和一二）年、丸山は徴兵検査を受けて乙種合格とされたが、第二乙種だったので現役は免除された。翌年には二等兵教育召集により松本市の陸軍歩兵第五〇連隊補充隊に応召するが、即日帰郷となっている。

太平洋戦争開戦から二年半あまりのちの一九四四年七月、ふたたび歩兵第五〇連隊に応召し、朝鮮の平壌に向かった。結婚から四カ月後のことであった。東京を離れる日の朝まで論文「国民主義理論の形成」を執筆し、松本に向かう途中の新宿駅で原稿を同僚の辻清明（つじきよあき）に手渡している。また、講義の試験を実施する前の入営となったため、試験は丸山が作成した問題を南原繁が出したという。

平壌では歩兵第七七連隊補充隊第一中隊に編入し、初年兵教育を受けた。丸山が配属されたのは軽機関銃を扱う第一小隊だったが、周囲には字の読み書きができない兵士もおり、何度もラブレターを代筆している。

丸山は平壌に到着してから二週間後に脚気（かっけ）にかかり、平壌第二陸軍病院に入院した。退院した

写真7－2　平壌第二陸軍病院入院中の丸山（丸山彰氏提供）

のは一九四四年一〇月で、同月中に召集解除となった。このときの入営期間は三カ月あまりであった（写真7－2）。

翌一九四五年三月には臨時召集を受け、広島市宇品町の陸軍船舶部隊暗号教育隊で暗号教育を受けたのち、同隊の人事係を経て船舶司令部参謀部情報班に配属された。ここでは国際情報の収集・要約などの作業に従事している。

通常、高等教育機関修了者は士官となることが期待され、そのために幹部候補生を選抜する試験を受けるよう奨励されるが、丸山は幹部候補生となることを志願しなかった。自分の意志で応召したのではなかったからである。しかし反戦思想の持ち主ではないかと疑われ、志願しない理由をしつこく聞かれて弱ったという（丸山眞男「二十四年目に語る被爆体験」一九六九年）。

丸山は入院していたこともあって、軍隊生活の半分以上を一番下の階級である二等兵として過ごし、敗戦の前月に一等兵に昇進、さらにポツダム宣言受諾後の一斉進級措置によって上等兵として召集解除を迎えた（いわゆるポツダム上等兵）。丸山の軍隊生活は通算でも一年に満たなかったが、そこでは些細な理由で振るわれる暴力にさらされた。軍隊では社会における立場は意味をもたず、軍人としての階級によって定められている上下関係に従わなければならない。そのことがかえって、軍隊に対する国民の支持を生み出していたと丸山は観察している。

> 兵隊に入ると、「地方」（軍隊外の一般社会）の社会的地位や家柄なんかは（皇族をのぞいて）ちっとも物をいわず、華族のお坊っちゃんが、土方の上等兵にビンタを喰っている。なにか、そういう疑似デモクラティック的なものが相当社会的な階級差からくる不満の麻酔剤になっていたと思われるのです。（丸山眞男他「日本の思想における軍隊の役割」一九四九年）

日本の敗戦は避けがたいという見透（みとお）しをもっていながら、階層秩序の最下層で生き抜いていくしかなかった丸山の軍隊生活は、内面的屈折を伴うものであった。

> 〔戦争に敗れるという〕大体の見透しがハズレなかったといったところで、べつに何の抵抗をしたわけじゃないし、それどころか、一種の二重人格みたいな生活をしていたんですから、今思い出しても自分の姿はみじめなものです。ああいうメカニズムの中で、自分のなかにある浅ましいもの、いやらしいものをいろんな形でマザマザと実感したことが、マア、しいていえばいい体験だったということになるでしょうね。（丸山眞男他「戦争と同時代」一九五八年）

平壌から戻ったのち、丸山は『孫文全集』や梁啓超の著作など、近代中国思想の文献を日本語訳で読んでいる。丸山は一九四二年三月より東京帝国大学東洋文化研究所の所員を兼務していたが、同研究所関係者が設立した東洋学会が一九四四年から刊行を始めた雑誌『東洋文化研究』に、高橋勇治著『孫文』（日本評論社東洋思想叢書）の書評を寄せている。

ここでまず注目されるのは、その方法論である。これには、親友であった永山正昭の影響があったと考えられている（丸山眞男「孫文と政治教育」〔一九四六年〕の平石直昭氏による解説参照）。『孫文』書評では、なぜ孫文の三民主義が「国民大衆の内面的意識」に支持された中国思想史上唯一のイデオロギーとなりえたかという問題こそ日本国民が主体的に取り上げるべきものであり、そのためには三民主義を「その内側から、内面的に把握」しなければならないとされている（丸山眞男「高橋勇治「孫文」」一九四四年）。三民主義が中国国民の内面を捉えた理由は、三民主義自体の内側に探られなければならないというのである。内側からの把握というこの方法は、丸山のそれまでの論文が思想を外から捉えていることを批判した永山によって推奨されたものであった。

丸山はこの永山のアドバイスを自分の思想史研究に取り入れていくが、『孫文』書評では、三民主義を内から理解するには孫文自身の問題意識を把握すること、孫文がいかなる問題でもって現実に立ち向かったかを明らかにすることが必要である、という課題が提示されるにとどまっていた。この課題に対する丸山の応答は一九四六（昭和二一）年の講演「孫文と政治教育」で本格的に展開されることになるが、『孫文』書評の草稿には、丸山が一九四四年の時点で部分的にそれを試みていた痕跡が残されている。

支那が真の近代的民族国家として成長して行くためには、如何にしても、如何に困難であらうとも身につけねばならぬ条件と孫文が考へたものは（中略）経済機構乃至政治組織それ自体よりもむしろ、さうした機構なり組織なりを内面的に支へて行く国民意識の問題、換言すれば、国家的＝政治的なるものを国民大衆の内面的意識のなかにとり込むこと、それによって四億国民の一人〳〵が国家的秩序をまさに己れの秩序として主体的に担って行く様な国家を造り出すこと――即ち是である。（丸山文庫草稿類資料82）

内面的把握という方法によって捉えられた孫文の問題意識が、中国国民の内面における政治的主体性の確立を求めるものだったとされたことは、偶然ではないと思われる。内面の変革をめざすという問題意識は、内面に潜ることによって把握されるのである。すでに一九四三（昭和一八）年一一月の「福沢に於ける秩序と人間」では、福沢の問題意識が、国民大衆に「国家構成員としての主体的能動的地位を自覚せしめ、それによって、国家的政治的なるものを外的環境から個人の内面的意識の裡にとり込む」ことにあると指摘されていた。そして敗戦後には、自由な主体意識をもつための「国民精神の真の変革」が丸山自身の問題意識となっていくが（宮村治雄『戦後精神の政治学』）、こうした継受関係は内面的把握の方法によって支えられていた面があろう。

これに関連してもう一つ注目されるのは、孫文から学んだとされる「ナショナリズムとデモクラシーの結合」（『定本 丸山眞男回顧談』下）が、『孫文』書評草稿で明確に指摘されていることである。敗戦後には、この結合が後進民族の近代化運動において必然的な課題となるという観点から、福沢諭吉や陸羯南のナショナリズムが捉えられていくことになる（丸山眞男「陸羯南」一九四七年、『丸山眞男講義録 第二冊 東洋政治思想史一九四九』）。

鶴見和子との出会い

戦争は丸山にとって思いがけない出会いをもたらしてもくれた。コロンビア大学大学院で学んでいた鶴見和子は、日米開戦に伴って帰国を余儀なくされた。交戦中の国々が自国に居住している対戦国の国民を送還し合う「交換船」によって、一九四二年の夏に日本に帰ったのである。

アメリカで博士論文の執筆にとりかかるはずだった和子は、日本でも学問を継続する道を選び、先輩の紹介で丸山の研究室に出入りするようになった。丸山から「近世日本政治思想における「自然」と「作為」」が掲載された『国家学会雑誌』を寄贈された和子は、これを読みふけり、深い感銘を受けている。

和子はその後、丸山の自宅も訪れるようになり、一九四四年には丸山が召集令状を受け取るところにも居合わせている。丸山にとってアメリカで教育を受けた和子の飾らない人柄とざっくばらんな物言いは快いものであり、和子の父である鶴見祐輔から伝えられたアメリカの戦後処理方針を聞くなど、重要な情報源ともなった。

二人の交流は戦後さらに発展し、和子の弟・俊輔が発起人となった「思想の科学研究会」に参加を依頼され、丸山はこれを快諾した。一九四六年五月に雑誌『思想の科学』が創刊されると、丸山はハロルド・ラスキ『信仰・理性及び文明』の書評、バートランド・ラッセル『西洋哲学史』の合評などを寄稿した。日米開戦がもたらした二人の出会いが、戦後に花開いたと言えよう。

ポツダム宣言と被爆

二回目の入営中、広島市宇品町の陸軍船舶司令部で国際情報に触れていた丸山は、一九四五年七月二六日に発表されたポツダム宣言の内容も受諾前に把握していた。宣言が示していた敗戦後の日本改革方針の中で丸山に感銘を与えたのは、軍国主義の駆逐や民主主義的傾向の復活強化よりも、言論、宗教および思想の自由の確立であり、とりわけ基本的人権の尊重であった。

普通には観念的と言われてしまうような民主主義や基本的人権の理念が、「ほとんど生理的なものとして自分のなかにある」（丸山眞男・鶴見俊輔「普遍的原理の立場」一九六七年）という自意識は、監視の目を意識せざるをえなかった敗戦前から存在していた。超越的なものに帰依して時流に流されることがなかった南原繁の姿に学びつつ、「近代」に普遍的な理念を見出していった丸山は、

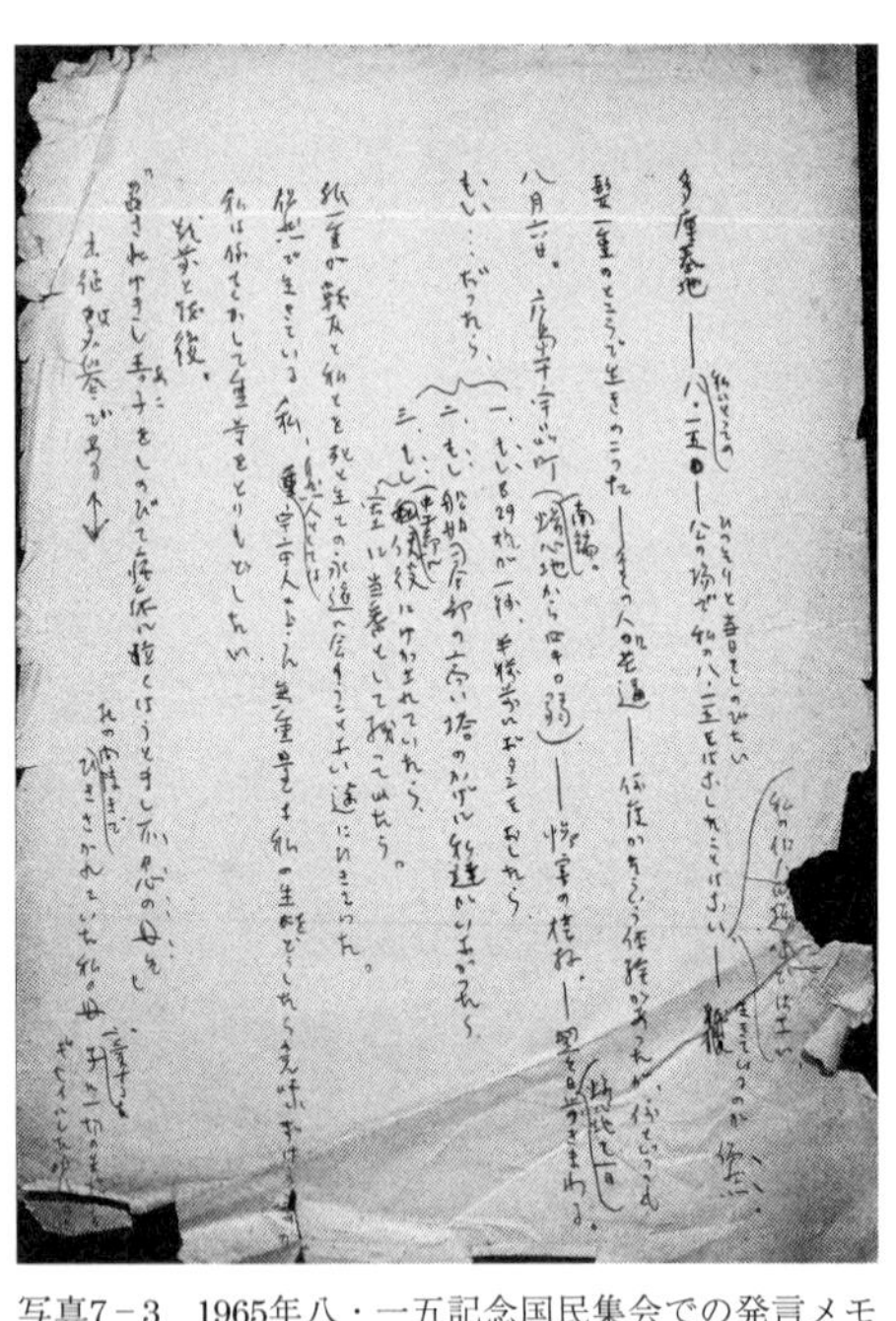

写真7－3　1965年八・一五記念国民集会での発言メモ（丸山文庫草稿類資料637-2）

それを自己の内面的確信として固めるに至っていた。「ぼくは戦争中にしばしば、オレは十八世紀に生れるべき人間じゃなかったのか、という観念に悩んだほど、自由、平等といった抽象的概念に深く心をつき動かされる性質でした」（丸山眞男他「戦争と同時代」）。

ポツダム宣言が発表されてから一〇日あまりのちの八月六日朝、広島市中心部にアメリカ軍機が原子爆弾を投下したとき、丸山は点呼朝礼のため船舶司令部の広場で整列していた。すぐ前に立っていた司令部の塔が熱や爆風をさえぎったため、運よく難を逃れることができた。司令部には多くの被爆した市民が避難してきたが、その姿は目を背けさせるものであった。九日には一日中市内を歩き回ったが、放射能についての知識はなかったという。被爆者健康手帳を交付される資格をもっていたが、申請はしていない。それは、自分は広島で生活していた人間というよりも、至近距離にいた傍観者だったという意識からであった。

丸山が自身の被爆体験について公の場で初めて語ったのは、原爆投下から二〇年が経過した一九六五（昭和四〇）年の八・一五記念国民集会においてであった（写真7－3）。復員後初めて広島を訪れたのは、それからさらに一〇年以上後の一九七七（昭和五二）年のことである。

一九六七（昭和四二）年には、戦後をかえりみて一番足りなかったのは原爆体験の思想化であったと述べている。関東大震災、戦時期の学問・思想への抑圧、軍隊生活についてはその体験を思想化することに努めてきたが、自分の思想を練りあげる材料として原爆体験を位置づけてこなかったというのである。その理由の一つとして丸山が挙げるのが、戦争一般の残虐性の中に原爆の問題を解消してしまったということであった。連合国軍によるドイツや日本への空襲と比べて、原爆だけが特に残虐だとは思えなかったという（丸山眞男・鶴見俊輔「普遍的原理の立場」）。

原爆の意味を深く考えるきっかけとなったのが、一九五四（昭和二九）年の第五福竜丸事件である。このとき丸山は、原爆症が現在の問題であることに気づかされた。それは戦争の惨禍の単なる一ページではない。「広島は毎日起こりつつある現実で、毎日々々新しくわれわれに問題を突きつけている」のである（丸山眞男「二十四年目に語る被爆体験」）。

敗戦

原爆体験の思想化が不十分だったもう一つの理由とされたのは、ソ連対日参戦、ポツダム宣言受諾による日本の降伏、母の死、日本軍の武装解除、連合国軍による日本占領開始といった出来事が、原爆投下後たて続けに起きたことであった。激動の日々の中で、原爆について立ち止まって考える余裕は失われたのである。

本土決戦を覚悟していた丸山は、降伏によって「救われた」と感じた。しかしその喜びは、母の死の知らせを聞いて吹き飛んでしまったという。

ポツダム宣言をめぐっては陸軍を中心に、天皇の統治権を否定するものと解釈し、「国体」の変革につながるものとして受諾に反対する意見が存在していた。最終的には昭和天皇が、ポツダム宣言を受諾しても「国体」は護持されると判断して降伏を決定したが、陸軍には徹底抗戦を求める将校も多く、東京ではクーデタ未遂事件が発生している。船舶司令部も同様の状況であり、丸山は、暴発を抑えるための説得工作を上官と計画した。

しかし、実際にはほとんど説得するまでもなく、司令部内の強硬論は沈静化してしまった。丸山の観察によれば、部隊が備蓄していた食料やニクロム線といった物資の配給が行われ、それを自分の家に運ぶのに忙しくなってしまったからであった。一方、兵士たちは復員できることを喜ぶ者が多かった。占領統治によって「国体」のあり方が変わることは明らかであったが、それまでの「国体」にあくまでも殉じようとする動きは広まらなかった。全体として言えば「国体」は、人々の内面からのコミットメントに支えられていたものではなかったのである。

丸山は九月一二日に召集解除となり、一四日に復員した。このとき三一歳だった丸山は、自分の体験を糧にしながら日本の精神構造を学問的に分析し、その変革につなげていくという目標をもって戦後の時代を生きていく。その歩みは、のちに「開かれた社会」と呼ばれることになる社会のあり方をめざすものであった。

3　敗戦と広島【加藤】

人々との連帯意識

一九四五（昭和二〇）年三月九日深夜から一〇日未明にかけての東京大空襲のとき、加藤は東京帝国大学医学部の附属病院に勤務していた。その頃には自宅に帰ることは稀で、病院内に寝泊まりしていたことはすでに述べた。空襲で火傷を負った人々が次々に病院に運びこまれてきた。

いくらか空いていた病室は忽ちいっぱいになった。寝台の数は限られていたから、床にふとんを敷き、病室の床ばかりでなく、廊下にも病人を寝かせた。看護婦のすべて、医局員のすべてをあげて、私たちは、応急の処置に全力をつくした。火傷の患者は、重症の場合には、循環障害をおこす。応急処置といっても、局所の手当ということだけではすまない。数日の間誰もがほとんど文字通り寝食を忘れて働きつづけた。私はその後もながく病院で働いていたが、そのときほど我を忘れて働いたことはなかったし、またそのときほど我を忘れて働く人々の仲間であったことはない。担ぎこまれた患者たちは、老人も、子供も、男も、女も、同じ爆撃を忍び、同じ生死の境に追いこまれた一種の仲間にちがいなかった。彼らは相互にたすけ合って私たちの手の足らぬところを補ってくれたし、私たちの仕事そのものが、私たちを含めての仲間のなかでの、たすけ合いに他ならなかった。爆撃機が頭上にあったときに、私は孤独であった。爆撃機が去って後の数日ほど、私が孤独でなかったことはない。（『羊の歌』「内科教室」）

ともに被災した人々への献身的治療を施すなかで、人々との連帯意識が加藤のなかに芽生えた。太平洋戦争が始まったときとはまさに正反対の感覚を味わったのである。

開戦直後の心境については、次のように綴っている。「東京市民は、〔日本がアメリカ・イギリスと戦争状態になったことを〕世界中がよろこんでいることを知らなかったから、みずからよろこんでいたのである。私は、そのよろこびを暗澹たる気もちで眺めていた。そのときほど私が東京の人々を遠くに感じたことはない」（『羊の歌』「ある晴れた日に」）。

信州上田への疎開

三月の東京大空襲を受け、東京帝国大学も被害を蒙った。建物の損壊や火災が発生しただけではなく、大学の機能も失われた。各学部の研究室もさらなる被災を恐れて疎開を考えたが、その疎開の手配は大学本部や学部本部が行うのではなかった。各研究室がみずから縁故を頼り、才覚

写真7－4　上田市に疎開した佐々内科分室の人々。最前列でベレー帽をかぶるのが加藤。初めて最前列で写真に収まる（1945年9月）。

を恃んで自分たちで疎開先を探さなければならなかった。

加藤が所属する佐々内科は、信州上田の病院と、その分院である結核療養所に、わずかの患者と医局員の三分の一が、少しの医療機器と薬剤とともに疎開することになった（今日の国立病院機構信州上田医療センターと思われる）（写真7－4）。

上田の療養所には防空壕もなく一台のポンプもなかったが、それでもバケツリレーの防空演習を、鉢巻をして、脚絆をつけて、かいがいしく行っていた。「米軍からみて、この町に爆弾を落としても、意味がないのではないかしら」「そんなことをいうと、ここの人たちは、侮辱されたと思うぜ。日本で東京につぐ目標は上田市だと考えているからね」「万一来れば焼けますね」「もちろん。しかし、君、政府が上陸用舟艇に、竹槍でたち向えといいだす時代だ、わかりきったことが、わからなくなっているのだな……」(『羊の歌』「八月一五日」)。反戦的だと思われていたらしい院長と加藤には、院内では話しかけてくる人もなく、それとなく避けられていた。

敗戦の詔勅

その頃加藤は考えていた。もはや日本政府は「本土決戦」か「降伏」かの選択しかない。そのどんな小さな兆候でも読みとろうと、目を凝らし、耳をそばだてていた。そして広島・長崎への原爆投下の直後から、新聞の論調が変わっていくのを見逃さなかった。

それまでは「敵を殲滅する」とか「一億玉砕」とかいっていたものが、「皇国護持」(『秋田魁新報』八月一〇日)、「国体護持」(『読売報知』八月一一日)、「大御心を奉戴 最悪の事態に一億団結」(『朝日新聞』[東京版]八月一二日)、「私心を去り国体護持へ」(『毎日新聞』八月一三日)というような見出しが紙面に現れてきた。

加藤は敗戦を告げる放送を疎開先の病院で聴いた。にわかに、天にも昇る気持ちを抑えがたく、歌いだしたい気分に襲われた。長く待ちに待っていたこの日が、とうとうやって来た。加藤にとって敗戦は二重の解放を意味した。一つは、長く重くのしかかっていた「戦争からの解放」だった。もう一つは、自由を抑圧する「体制からの解放」だった。これで死ななくて済む、生き延び

朝日新聞

戰爭終結の大詔渙發さる

新爆彈の慘害に大御心
帝國、四國宣言を受諾
畏し、萬世の爲太平を開く

詔書

必ず國威を恢弘
聖斷下る途は一つ
信義を世界に失ふ勿れ
内閣告諭

写真7－5　敗戦を告げる『朝日新聞』（1945年8月15日）

られる。自由も得られる。

しかし、何人かの親しい友人たちを戦争によって失ってしまったという悔恨の思いも強く抱いていた。それは戦後になって「サヴァイヴァル・コンプレックス」だといい、「友人を裏切りたくない」という感情となって、加藤の活動、とりわけ反戦の言論、そして九条の会の活動を支えた（写真7－5）。

敗戦を告げた「玉音放送」は機械の調子が悪く、しかも漢語が多い文章で、聞き取りにくかった。院内でもすべての人がその意味を解したわけではなかった。事態の意味をつかみかねて、事務長は「これはどういうことですか」と院長に尋ねた。「戦争が終わったということだ」と院長は答えた。事務長や職員たちと疎開していた医局員の多くは、沈痛な表情をしていた。しかし、数十人の看護婦たちは、何事もなかったように、屈託のない笑い声を立てて、病室へと戻っていった。皇国主義教育も戦意高揚宣伝も若い娘たちまでは浸透していなかった、と加藤は実感する。

一変した診療所内の空気

「玉音放送」を境に、病院内の空気、職員の行動は一変した。それまでは院長や加藤が反戦的であることを感じて、それとなく避けていることに気づいていた。ところが彼らは、にわかに接近し始めた。彼らは食料を心配し、アメリカ軍が町にやってくることに不安を感じていた。だからこそ正確な事情が知りたい。そういう心配や不安をとり除いて、正確な情報を与えてくれるのが院長や加藤だと考えたのだろう。

しかし、日本国の行く末について心配する人は、ほとんど誰もいなかった。何も上田の病院に限った話ではない。新しい日本をつくることや、古い体制のもとに苦しんでいる人を救出しようとした人は少なかった。それゆえ獄につながれている政治犯は、日本人自身によっては釈放されなかった。その頃獄にあった羽仁五郎は、これで解放されると待っていたが、誰も来なかったと述べている。

その頃片山敏彦が信州に疎開していたが、「民主主義が勝った。これで世界はよくなるのです」と興奮していた。しかし、築地小劇場で活躍していた俳優・鶴丸睦彦は「そんなことはない。帝国主義相互の戦争が一方の勝利で終わったということに過ぎない。アメリカは、日本の支配階級を温存しますよ。見ていてごらんなさい」といった。加藤は片山の考え方に近かった。第二次大戦を民主主義とファシズムの戦いと捉えていたからである。しかし、その後の歴史は、片山の考えよりも鶴丸の考えの正しかったことを証明した。

内閣総理大臣は鈴木貫太郎から東久邇稔彦に変わった。東久邇内閣は「国体護持」と「一億総懺悔」を唱え、国体を維持することに腐心し、治安維持法を廃止するつもりはさらさらなかった。ゆえに三木清は一九四五（昭和二〇）年九月二六日に獄死し、戦時中最大の言論弾圧事件「横浜事件」は、同年九月から一〇月にかけて、治安維持法によって判決が出されたのである。政治犯を釈放し、治安維持法を廃止したのは、連合国司令部の「押しつけ」であった。かりに日本国憲法が連合国軍最高司令部によって「押しつけられた」

写真7－6（上）焼野原の東京、上野方面を望む、遠くに見える高い建物は松坂屋百貨店（『千代田区戦争体験記録集』東京都千代田区、1997年）
写真7－7（下）宮城県仙台市の焼け跡の光景、地方の中小都市も空襲を受けた。

としても、押しつけられたのは、日本国憲法だけではなかった。

焼け野原の東京

上田に疎開した加藤は、九月に一人で東京に戻った。上野駅に降りたった加藤の眼に映ったものは焼け野原と化した東京であった（写真7－6、写真7－7）。しかし、加藤が見たものは、建物がほとんどすべて焼き払われた光景だけではなかった。「嘘とごまかし、時代錯誤と誇大妄想」が焼き払われた光景でもあった。

「広い夕焼けの空」と「瓦礫（がれき）の間にのびた夏草」は、偽物ではなく本物だと感じた。広い空の下に、夏草が伸びる大地の上に、嘘で固めた宮殿ではなく、たとえあばら屋ではあっても、そこに建てられるものは、人間を大事にする思想であり、文化であり、政府であり、なにより人間自身だ、と加藤は考えた。

あふれるような希望を加藤は抱いた。人々に対する強い連帯感をもったのは、空襲下の被災者への治療をしている最中のことだったが、加藤が、社会に、人々に対して何ごとかをなさんとする気概を生涯でもっとも強く感じたのは、戦災で一望の焼け野原と化した光景を目の当たりにしたときのことだった。

原子爆弾影響日米合同調査団

敗戦直後に「原子爆弾影響日米合同調査団」が組織され、加藤はその調査団に加わることを求められた。この調査団は、連合軍最高司令部が一九四五年一〇月一二日に出した「原子爆弾調査命令」に基づく。ファレル准将が率いるマンハッタン計画グループ、オーターソン大佐を代表とする軍医監本部指揮下の総司令部グループ、そして東京帝国大学都築正男教授の組織した日本人医師団の三者によって構成され、調査団の全権代表はオーターソン大佐が務めた。都築が組織した日本人医師団の一人が加藤であった（写真7－8）。しかし、連合国司令部がいい出した調査ではない。都築が調査を始めようとしたところに、連合国司令部が介入してきたのである。

写真7－8　合同調査団の研究室グループ、広島第一陸軍病院宇品分院。1945年10月か11月。前列左から二人目が加藤、その右が中尾喜久。後列右から二番目がフィリップ・ロッジ大尉。宇品は丸山が被爆した地でもある（米軍撮影／広島平和記念資料館提供）。

日本人医師団の代表格である都築は原爆症や熱傷研究の専門家である。大正時代に、放射線の大量かつ長時間にわたる照射が人体に与える影響についての動物実験を行っていた。「原爆症研究の父」とも呼ばれる。六年間の海軍軍医を経て、一九三七（昭和一二）年に東京帝国大学医学部教授に就く。広島・長崎の被爆者の診察・調査、その後、太平洋ビキニ環礁（かんしょう）で被爆した第五福竜丸乗組員の診察・調査にもあたった研究者である。

八月六日、丸山定夫が率いる移動劇団「桜隊」は爆心地近くで被爆した。隊員の一人、仲みどりは帰京して都築外科で受診した。都築はその症状のひどさに驚き、現地調査の必要を痛感したのだった。その後、仲は生命を落とした。

日米合同調査団より前に、大日本帝国陸海軍は、被爆直後からそれぞれ調査を行っており、白血球数の著しい低下を確認している。そして広島にあった中国軍監区司令部は、京都帝国大学の医学部と理学部に調査を依頼し、京都帝国大学の「原爆災害総合研究調査団」は現地で調査に従っていた。ところが、九月一七日に折からの枕崎（まくらざき）台風の直撃を受けて、調査団員九名を含む被爆者ら一〇〇名以上が大野陸軍病院で犠牲となった。枕崎台風は各地に大きな被害をもたらしたが、特に広島県では死者・行方不明者が二〇〇〇人を超える甚大な被害を受けた。京都大学は調査の続行を断念した。

一方、外国人ジャーナリストによる現地取材が行われていた。その一人にウィルフレッド・バーチェットがいる。『デーリー・エクスプレス』紙のバーチェット記者は、九月二日に東京湾に停泊するミズーリ号艦上で行われた降伏文書調印式を取材するよりも、広島に入って原爆投下後の実情を取材することを優先する。二日午前六時に単独で東京を発ち、九月三日午前二時に広島に着いた（バーチェット『広島TODAY』連合出版、一九八三年）。そして広島の惨状を世界に発信した〈The Atomic Plague〉、『デーリー・エクスプレス』一九四五年九月五日）。

東京に帰ったバーチェットは、連合国総司令部に原爆被害の惨状を告げ、アメリカから医師団を派遣することを訴えたが、連合国総司令部の反応は「九月上旬現在、広島・長崎には原爆症で苦しんでいる者は一人もいない」（九月七日記者会見）というものであった。権力というものはこういうものである、広島然り、福島然り。

合同調査団は、米軍飛行機で東京・立川を発ち、残留放射能が強かっただろう広島の地に降りたった。日米合同調査団の調査目的はあくまでも原子爆弾の影響に関する軍事的研究である。しかし、日米の医師団には大きな違いもあった。アメリカ側医師団は原子爆弾の破壊効果に着目し、日本側医師団は破壊からの恢復（かいふく）に着目していた。ちなみに合同調査団の調査資料は、アメリカがほとんどすべて本国にもち帰った。

口をつぐむ被爆者たち

調査団員は被爆者を診断し、標本を採り、被爆者たちに聞き取りを行った。しかし、被爆者たちは口をつぐんで語ろうとしなかった。

広島で被爆した丸山眞男が被爆後に広島を訪れるのは一九七七（昭和五二）年のことである。「被爆以来、行く気しないわけ、どうしても行く気しない。（中略）ほんとに被爆した人間はとうてい行く気しない。それを、やっと勇を鼓して行った」（丸山眞男『自由について　七つの問答』SURE、二〇〇五年）と述べる。

重い経験というものは、それについて人が語ることをしばしば拒む。その理由は何だろう。一つは、いかなる経験を語るにも過去に意味を付与されたことばによって語らざるを得ない。しかし、重い経験、あるいは前代未聞の経験は、過去に意味を付与されたどんなことばをもってしても表現しきれない。どう表現しようとも、同時に、そういうことではない、という意識が生じる。

もう一つは、その重い経験を自分自身が乗り超えないと語ることができない。自分なりにその経験について整理し、客観的に見られない限りみずから語ることはできない。そして、重い経験は、自分の経験であって、どう表現したところで、自分以外の人間には伝わらない、という意識が生じる。これらは、いずれも、その人の経験を語ることを躊躇させる。

かくして、語ろうとする者は聴こうとする者に対して、聴こうとする者も語ろうとする者に対して、「超え難い無限の距離」を感じることになる。

加藤は広島で残留放射能を浴びただろうとはいえ、丸山のように直接に被爆したわけではなかった。広島で被爆した人を見たのである。しかし加藤は、はたして自分は広島を見たのだろうか、という疑問を強く感じていた。アラン・レネ監督の映画《*Hiroshima mon amour*》（邦題『二四時間の情事』、脚本マルグリット・デュラス、一九五九年）で、行きずりのフランス人女性と日本人男性とが一夜をともにして「私はヒロシマを見た」「いや、きみはヒロシマを見ていない」と繰り返す会話のように、自問自答を繰り返していたに違いない。

しかし眼のまえの患者と医者との間の沈黙は、破らなければならなかった。言葉であらわせることを言葉であらわし、その意味を見つけ、そうすることで、その人にとっての経験を、私の観察し分類することのできる対象に変えなければならない。

「そのときあなたは何処（どこ）にいましたか」と私はいった。

「姉の亭主が出征していましたから、姉の家で……」。

「お姉さんの家は、この地図の上でいえば、どの辺に当りますか。……なるほど、爆心から三粁（キロ）ぐらい……家は木造ですね、その中で、あなたはどちらを向いていましたか」。

そういう質問は、その人にとって、あきらかに、どっちでもよいことにすぎなかったろう。そういう質問を、広島の被害者に浴びせるのは、ほとんど野蛮な行為である、と私は感じていた――家が木造であろうとなかろうと、姉の子供は死に、姉の眼はみえなくなり、その人の人生は変ったのである。いうべからざる経験が一方にあり、当人の人生にとっては何の関係もない事実が他方にある。しかし世界を理解するためには、一個の人生を決定するだろういうべからざる経験ではなくて、言葉に翻訳することのできる事実を言葉に翻訳することが、必要なのである。もし広島が私に教えたことがあるとすれば、それは、その対照がどれほど激しく、どれほど堪え難いものにまでなり得るかということであったろう。すなわち私は、黙って東京へ帰るか、留（とどま）って広島の「症例」を観察するか、そのどちらかを選ぶほかはなかった。広島の「症例」ではなく、広島の人間を眼のまえにして、私には言うこともなく、また為ることもなく、そもそもそこに長く留る理由もなかった。私は留った。（『続羊の歌』「広島」）

どんなにことばで表わすことがむつかしかったにせよ、世界を理解するには、あるいは科学者として研究を全うするには、眼の前の正視しがたい事実であろうとも、これを冷徹に観察し、厳密なことばで科学的に表現しなければならない。広島に即していえば、完全に医学の領域に限定して、医者である加藤が患者である被爆者を「症例」として見ざるを得ない。

ところが、人間は科学や医学のために生きているのではない。科学的に、あるいは医学的に分析できるのは、その人間のうちのほんのわずかな部分に過ぎない。その人間を全体的に理解しようとすれば、とうてい科学や医学だけでは十分ではない。のちのち「科学と文学」といった論考に結実する考えのきっかけの一つを与えられた。

かくして広島に「長く留（とどま）る理由もなかった」と加藤は考え、留まって調査を続けるかどうかについて悩んだ。しかも、合同調査に自主的に参加したのではなく、指導官の命令的な誘いで合同調査に参加した加藤に、医業を廃する覚悟をもたない限りは「広島に行かない」選択肢や、一人「東京に帰る」選択肢はなかったろう。ゆえに「私は留った」というよりも「留まらざるを得なかった」。「留った」以上は、被爆者を完全に「症例」として観察するしかない。

「留る」ことを決断した加藤は、「観察者」としての自分の無力と孤独を悟った。「高見の見物」を標榜し、観察者であり続け、観察者としての自負をもっていた加藤だが、広島では観察者にさえなれないことを強く意識した。広島の体験は加藤にとって重かった。のちに加藤は医業を廃することになるが、その理由の一つは間違いなく「広島体験」にあった。

エピローグ

1　変革のための認識【丸山】

「精神革命」という課題

復員してから一カ月半後の一九四五（昭和二〇）年一一月一日、丸山眞男は戦後最初の講義を開始した（丸山眞男「一九四七年度・一九四五年度「東洋政治思想史」講義原稿」）。その冒頭のことばは、戦後の丸山の問題関心の所在を示すものであった。

　われわれは今日、外国によって「自由」をあてがはれ強制された。しかしあてがはれた自由、強制された自由とは実は本質的な矛盾（中略）である。自由とは日本国民が自らの精神を以て決するの謂に外ならぬからである。われわれはかゝる真の自由を獲得すべく、換言するならば、所与としての自由を内面的な自由に高めるべく、血みどろの努力を続けなければならないのである。(『丸山眞男講義録 第二冊』)

これに先立ち、連合国軍最高司令官総司令部(GHQ)はポツダム宣言に規定された日本の民主化と自由化をめざし、人権指令(一〇月四日)と五大改革指令(一〇月一一日)を日本政府に発していた。日本国民は連合国によって自由をあてがわれ、強制されたのである。これ以降、戦中とは打って変わって自由と民主主義がもてはやされるという、それまでとは逆方向への「大量転向」ともいうべき状況が出現した。

丸山にとって問題だったのは、こうした変化が外国の軍事的な圧力の下で引き起こされ、日本国民自身の主体的な選択によるものではなかったことである。それまで「国体」を受容してきたのと同じ精神的態度で、今度は自由と民主主義が受け入れられているのではないか。こうした精神のあり方を変革し、自由を自分たち自身のものにしていく「精神革命」こそが何よりも必要なのではないか――。丸山はこのような問題意識から、日本の「精神構造」の解明に向かっていく。

それは、「〃日本はこれまで何であったか〃ということをトータルな認識に昇らせることは、そうした思考様式をコントロールし、その弱点を克服する途に通ずる、という考え方」からであった(「日本思想史における「古層」の問題」一九七九年)。この方法はヘーゲルとマルクスに由来するものであり、丸山はそれを、戦前に読んだカール・シュミットの『現代議会主義の精神史的地位』(一九二三年)から教えられていた。

「原型」論

戦後の丸山は、本来の専門である日本政治思想史研究に加えて、政治学的な分析まで手を広げたが、これも右に述べた課題と無関係のものではなかった。一九三〇年代から四〇年代前半にかけて丸山が身をもって体験した病理現象は、日本に固有の事情に由来する面がある一方で、大衆社会化のように、他国にも共通する同時代的問題の一環をなしているという面も存在していた。後者の側面を捉えるためには思想史の方法だけでは不十分であることから、丸山は二足のわらじを履かざるを得なかったのである。

この政治学的研究は、一九五六（昭和三一）年と翌年に刊行された『現代政治の思想と行動』（上下巻、未来社）にまとめられるが、これを節目として、その後の丸山はこの方面からは手を引いていく。その代わりに日本政治思想史研究に力が注がれるようになり、新たな展開がなされることになる。一九五六年度の講義では初めて日本の古代までさかのぼって論じられ、一九五九（昭和三四）年度の講義でも同様の構成がとられた。そして一九五七（昭和三二）年度と翌年度の講義では、外来思想との接触のあり方が検討されている。

この一九五〇年代後半の講義を通じて丸山が取り組んだ問題は、古代以来の日本の思想史を貫いて持続的に存在している不変の要素と、それが変化しうる可能性を見出すことであった。不変の要素として取り出されたのは、近代日本の「国体」につながる神道である。神道は、体系的な教義を基盤として人々に働きかける宗教ではなく、慣習や権威の神聖化、あるいはタブーという形で作用するものと考えられている。そしてそれは、民衆のあいだにおける共同体的結合をもたらし、また天皇の政治的正統性を根拠づけることを通じて、社会的凝集性（ぎょうしゅうせい）を確保してきたものとして位置づけられる。

日本は島国という地理的条件から、外来思想の受容を支配層がコントロールすることが可能であった。神道は支配層の立場を支える役割を果たしているため、仏教や儒教といった外来思想は神道を圧倒しないような形で受容され、そして神道に適合するような変容を蒙っていく。

丸山は日本における外来思想の受容と変容の特徴をこのように捉えるが、一九六〇年代に入るとそこに一定のパターンが見られると考え、それを日本の思考様式の「原型」と表現するようになる。「原型」はやがて「古層」と言いかえられ、さらに「執拗低音（しつようていおん）」ということばが用いられるが、こうした観点から日本の思想史を全体として捉えることが、その後の丸山の日本政治思想史研究にとって課題の一つとなるのである。

「正統」論

神道の存在を脅かさないように外来思想が受容されたという見方は、もう一つの問題系列につながっていくことになる。それは、諸思想が「雑居」しているのが日本の思想的「伝統」であるとされたことに関わる。神道は、キリスト教や儒教などのように思想的な対決の「座標軸」となることによってではなく、前述した通り慣習の神聖化やタブー、あるいは天皇の政治的正統性（レジティマシー）を根拠づけることを通じて社会的凝集性をもたらしてきたと考えられている。神道に代わって外来思想が「座標軸」となることがなかったため、日本では神道と外来思想とのあいだで、あるいは受容されたさまざまな外来思想同士のあいだで対話や対決が行われることなく、互いに無媒介のままで共存し、無秩序に積み重なってきたという。

学者や思想家のヨリ理性的に自覚された思想を対象としても、同じ学派、同じ宗教といったワクのなかでの対話はあるが、ちがった立場が共通の知性の上に対決し、その対決のなかから新たな発展をうみ出してゆくといった例はむろんないわけではないが、少くもそれが通常だとはどう見てもいえない。（中略）一言でいうと実もふたもないことになってしまうが、つまりこれはあらゆる時代の観念や思想に否応なく相互連関性を与え、すべての思想的立場がそれとの関係で——否定を通じてでも——自己を歴史的に位置づけるような中核あるいは座標軸に当る思想的伝統はわが国には形成されなかった、ということだ。（「日本の思想」一九五七年）

敗戦後における民主主義や自由主義の受容も、丸山の目には、既存の思想との対決を経ずに、したがって「精神構造」の変革を伴うことなく行われたものと映っていた。こうして一九五〇年代後半以降、「精神革命」という課題は、思想的「雑居」という日本の「伝統」を克服するという形で定位されることになる。その際丸山は、「雑種性」から積極的な意味をひきだすことを説いた加藤周一の「雑種文化」論に触れ、その趣旨にはおおむね賛成であるとしながら、「雑居」から「雑種という新たな個性」が生まれることが期待できるのは、「多様な思想が内面的に交わる」場合に限られると指摘している。それを可能にするのは、丸山によれば座標軸を手がかりとして異なるものと向き合って新たなものを生み出していく、強靭な自己制御力と自主的思考力を備えた人格的主体である。

そして、ヨーロッパ諸国や中国においてこうした座標軸としての役割を果したと考えられたのが、キリスト教や儒教の「正統」（オーソドクシー）であった。筑摩書房の企画『近代日本思想史講座』の第二巻として予定されていた『正統と異端』という本の編集のため、丸山は一九五〇年代末から三〇年あまりにわたって研究会を継続するが、この研究会を舞台とする共同研究の課題には、オーソドクシーとしての「正統」たりうる思想の条件や、それが日本において成立しなかった理由とその影響の探求も含まれていた。丸山はその後半生においてこの共同研究に多大な労力を費やしたが、それは「精神革命」をめざすという実践的関心を引き継ぐ営みでもあったのである。

「閉じた社会」から「開かれた社会」へ

丸山の日本政治思想史研究に新たな展開をもたらした一九五〇年代後半の講義ではまた、諸思想の「雑居」という日本の思想的「伝統」を変革する契機についても考察が及んでいた。そのような意味を帯びたものとして位置づけられたのが「開国」であり、それは「閉じた社会」から「開かれた社会」への移行をもたらす可能性をもっていた歴史的出来事として捉えられていた。

古代以来の神道に基礎づけられた慣習や権威、タブーによって凝集性が保たれていた日本社会は、丸山によれば典型的な「閉じた社会」であり、外来思想はこうした社会のあり方を破壊しないように支配層によってコントロールされていた。しかし、戦国時代におけるキリスト教との出会いや、幕末維新期における西洋の諸思想の流入は、支配層のコントロールを離れて行われたため、いずれも座標軸の形成による「雑居」の克服につながりえた「開国」という出来事として評価された。

つまり、丸山にとって「開かれた社会」とは、オーソドクシーとしての正統を座標軸として諸思想のあいだの対話や対決が行われる社会であり、そこではあらゆる存在が常に異なる立場からの批判に開かれていることによって、「閉じた社会」におけるように無批判的に慣習や権威が受容されることがない。各人は自分の判断と行動を自分自身によって選択するのであり、自由はそれを保障するという意味をもっている。

closed society においては、伝統的権威と規律が taboo によって神聖化されている。集団的凝集の破壊とマギーからの解放〔Entzauberung〕は、heterogeneous〔異質的〕な文化圏との contact

により起る。集団と自己との同一視（アイデンティフィケイション）が困難になり、あるべき行動様式が神聖化された慣習によって自ずときまっているのではなくて、個人の責任にもとづく決意と判断によって多くの方法、多くの思想、多くのモラルのなかから自由に選択されるようになってくる。こういう方向が「閉ざされた社会」から「開かれた社会」への方向である（『丸山眞男講義録 別冊二 日本政治思想史一九五七／五八』）

丸山にとって敗戦は、日本を世界に向けて開け放ち、民主主義や自由主義を含む外来思想の無秩序な流入をもたらした第三の「開国」を引き起こした出来事であった。戦後の丸山の歩みは、この「開国」という機会を生かして「開かれた社会」に向かっていくという目的意識に貫かれたものであったといえよう。

2　『日本文学史序説』への道【加藤】

形は精神の表れ

広島から帰った加藤は東京帝国大学医学部内科教室に戻って、血液学を研究し患者の治療にあたった。私生活では一九四六（昭和二一）年五月三〇日、名古屋市出身の中西綾子（一九二四〜二〇〇一年、東京女子大学国文科卒業）と結婚する。母ヲリ子が勧めた結婚であった。

一九四〇年代後半に綾子の兄中西昇（当時龍谷大学助教授）と京都の庭を見て歩いた。そして記念碑的な著作「日本の庭」（『文藝』河出書房、一九五〇年二月号）を著す。京都の四つの庭——龍安寺、西芳寺、桂離宮、修学院離宮を比較し、庭という形が精神の表現であることを論じた。類型学を脱してはいないが、美術を論ずる基本的視点をつかんだ論文だった。

「私は西洋を見物したために、日本の芸術の有難さを知ったのではない。ある秋の日の午後、東山の斜面に映える西陽を見、枯山水の白砂に落ちる雨を見たから、やがて西洋見物の望みを抱くようになった」（『続羊の歌』「京都の庭」）と述べる。

一方、アメリカで医学を学ぼうとして留学を志し、妻綾子が記した日記（御遺族の意思により非公開）によれば、決定間際まで話は進んでいた。ところが一九四九（昭和二四）年で、話は沙汰止みになる。そして一九五一（昭和二六）年にフランス政府の留学試験を受ける。この間の事情について、加藤は何も書き残していない。

ところが、一九四九年五月三〇日に母ヲリ子が胃がんのために亡くなった。享年五二。加藤が大学受験のとき、母ヲリ子の希望で、文学部志望から医学部受験に変えたのだった。その母の死について次のように述べる。「私自身の生涯を、母の死を境として、その前後に別けて考えるようにもなったのである。その前と後とで、私の生きてきた世界のいわば重心が変った」（同上）。かりにもし母ヲリ子が長生きしていたら、加藤は医学を続けていたかもしれない。

一九五一年から五五（昭和三〇）年まで、フランス・パリ大学医学部やパスツール研究所やキュリー研究所で学ぶ。しかし医学で何を学んだかはわからない。むしろ、留学中に加藤は、フランス文学・思想を読み漁り、フランス各地、イタリア、イギリス、スイス、オーストリアへ旅行し、主として美術、演劇、音楽を見て廻った。

なかでもフランスの「中世」が現代まで続いていることを発見したことが、加藤の美術研究ばかりではなく、ものの考え方に大きな影響を与えた。一九五二（昭和二七）年、イタリア旅行の途次（とじ）、フィレンツェで知り合ったヒルダ・シュタインメッツ（一九三三～一九八三）と、のちに二度目の結婚をすることになる（一九六二年）。二人が知り合ったとき、ヒルダ一九歳、加藤三三歳であった。

帰国には経済的理由もあって船旅を選んだ。その寄港地で、加藤はアフリカやアジアの街を見物した。カイロ、シンガポール、香港、マニラ、釜山……そして船が瀬戸内海に入ってきたとき、加藤はこれまで長いあいだ考え続けてきた日本の近代文化の特徴をはっきりと確信する。すなわち「近代日本文化の特徴は雑種性にある。雑種であることに積極的意味がある」。帰国後ただちに一連の「雑種文化論」（一九五五年）を発表するのであった。しかし、このときの一連の「雑種文化論」は近代の西欧文化、ことに近代フランス文化や近代イギリス文化との比較にとどまっていた。

加藤のアジアに対する関心は已（や）まず、第一回アジア・アフリカ作家会議（一九五八年）がソ連邦ウズベク共和国のタシュケントで開かれたときに、その準備委員として参加した。このときに医業を廃して文筆を生業とする。作家会議のあと周辺社会主義国に対する関心から、ユーゴスラヴィア連邦のクロアチアとインドのケララ州へ旅した。その旅行記を『ウズベック・クロアチア・ケララ紀行』(岩波新書、一九五九年)として刊行した。

「蓄積の時代」

一九六〇(昭和三五)年、安保改定問題が政治的争点になった。加藤は日本の安全と独立のためには日米安保条約は改定しないほうが望ましいと考え、言論活動に従うことで安保反対運動に加わった。安保反対運動は敗北に終わり、反体制側には挫折感が漂ったが、加藤は挫折感に苦しむことはなかった。何事にも絶対はない、という価値相対主義を信条としていたからである。

同じ年、カナダ・ヴァンクーヴァーのブリティッシュ・コロンビア大学より准教授として赴任する要請があり、加藤はこれを受けた。以降一九六九(昭和四四)年まで、同大学に籍を置く。同大学では日本文学史と日本美術史を講じたが、この一〇年間をみずから「蓄積の時代」と呼ぶ。学生に講義しながら研鑽を重ねたが、その研究は、五〇年代に発表した一連の「雑種文化論」を敷衍して古代にまでさかのぼって検証しようとしたものである。もう一つは「戦争と知識人」で論じた日本人の思想と行動についても歴史をさかのぼって考えようとしたのである。そういう研究が『日本文学史序説』(上下、筑摩書房、一九七五年、一九八〇年)と『日本　その心とかたち』(全一〇巻、平凡社、一九八七年、一九八八年）と『日本文化における時間と空間』（岩波書店、二〇〇七年）に結実していくのだった。

ヴァンクーヴァー時代には他にも重要な作品を著している。一つは『三題噺』（筑摩書房、一九六五年）であり、これは石川丈山、一休宗純、富永仲基の生き方を主題とする短編小説集である。石川丈山は三河の武士。大坂の陣のあと浮世を離れ、洛東詩仙堂に入り隠棲生活を送った。卒寿で命を了えるまで鴨川を渡ることはなかったという。一休宗純は臨済宗大徳寺の高僧にして破戒僧。『狂雲集』一〇〇〇余首には、宗教が論じられ、かつポルノグラフィックな漢詩が詠まれる。盲目の美女を激しく愛した。そして富永仲基は大坂の町人学者。仏教のみならず、儒教や神道を批判するに、独創的な視点をもち、その考えは内藤湖南や中村元も高く評価する。その三人の自らの信条を徹底させた生き方に、加藤は強い共感をもつ。加藤の「あり得たかもしれない人生」を綴った作品だともいえる。

もう一つは『羊の歌』（正続、岩波書店、一九六八年）であり、これは「実際にあった人生」をもとにした自伝的小説である。自伝的小説を書こうとした理由は、みずからが完成したという意識があったからだろう。研究においても、文体においても、この頃に加藤は完成した。齢は四〇代後半に達しており、やはり「晩成」だったといえる。

「三点観察法」の確立

一九六八（昭和四三）、六九年の先進国における学生運動は、大学の決定に学生が何らか関与する制度を生みだした。ドイツでは学生が大学の運営に関与する度合いが大きかった。一九六九（昭和四四）年にベルリン自由大学に赴任したのは、主として学生の希望であったが、闘争派の学生との論争は容易ではなく、講義はなかなかできなかった。「講義ができないならば、ここにいる必要はない」と、一九七三（昭和四八）年に同大学を去った。

ベルリン自由大学時代は半年をベルリンで過ごし、半年を東京で過ごした。この間に私生活では加藤は後半生のパートナーとなる矢島翠（やじまみどり）と暮らすようになる。また一九七一（昭和四六）年には、中島健蔵の誘いにより、文化大革命下の中国を訪れた。以降中国にはたびたび訪れたが、これによって加藤は、日本、フランス、中国を軸にした比較文化の「三点観察法」を完成させたのである。

ベルリン自由大学のあとは、イェール大学、ジュネーヴ大学、ヴェネツィア大学、コレヒヨ・デ・メヒコ大学など、請われるに応じて数々の海外の大学で講義した。その理由は何だろうか。一つは、日本の大学では学内行政に追われ自分の時間が無くなる。海外の大学で、主として客員教授として招かれれば、学内行政に煩（わずら）わされず、自分の時間を確保できる。

もう一つは、外国人との知的交流を楽しみ、意見交換することで、彼らの関心のありようを知ろうとしたに違いない。こうして絶えず海外の大学で教鞭をとった。そういう体験はたとえば『日本文学史序説』に活かされ、同書は海外の日本文化研究者の手引となり、現在八カ国語に翻訳されている。

加藤はときに応じて書く随筆を好み、新聞・雑誌に「言葉と人間」（一九七五〜一九七六年）、「真面目な冗談」（一九七六〜一九七九年）、「美しい時間」（一九七九年）、「山中人間話」（一九八〇〜一九八四年）、「夕陽妄語」（一九八四〜二〇〇八年）を連載した。そこには、文学を論じると見せて科学を語り、絵画を語ると見せて政治を揶揄するという妙があった。

連載名にも加藤の姿勢が映し出される。「言葉と人間」と「美」は加藤がもっとも愛したものである。「山中人間話」によって世俗を離れ隠棲する淡い望みを表した。「夕陽妄語」とは、歴史が夕暮れに差しかかり「ミネルヴァのフクロウは迫りくる黄昏に飛び立つ」（フリードリッヒ・ヘーゲル『法の哲学』）ように、山中から町に出て夕陽のなか「妄語」を述べようとした意思である。

小選挙区比例代表並立制が導入されると（一九九四〔平成六〕年）、危機意識はいっそう強くなる。それ以降「夕陽妄語」の論調に微妙な変化が生じた。よくいわれるように「九条の会」に名を連ねたときから、政治的主張を強めたのではない。早くから「政治は嫌いである」と定めていたものの、加藤は「政治は土足で人の家に入り込んでくる」という認識を忘れたことはない。また加藤は傍観者であることに自負と自信を抱いていたが、はたしていつまで「傍観者」であり続けることができるか、と自問していた。

日本の多くの知識人は私的にも政治的見解を述べることが少ない。そういう言動は大人気ない、という価値判断が働くのだろう。ところが、加藤はたとえ短い手紙や葉書であっても、必ず政治的問題に関する寸評を綴った。こういう習慣をもつ知識人はほとんどいないのではなかろうか。私の知る限りでは、加藤と憲法学者の樋口陽一のみである。

加藤の問題意識と立場は一貫していた。それは戦時中の日本人、とりわけ知識人たちが定見もなく、ずるずると戦争に引きずられていく様子を目前にしたことを契機とする。敗戦後には一夜にして「鬼畜米英」から、打って変わって「平和と民主主義」を唱和する様子を眼前にした。こうして「いったい日本人のものの考え方とはいかなるものか」という問題意識を抱き、日本人のものの考え方の歴史を究めようとした。

『日本文学史序説』も『日本　その心とかたち』も『日本文化における時間と空間』も、そのような問題意識によって書かれた加藤の代表作である。『日本文学史序説』は日本文学通史である。古代から戦後までの日本文学の歴史における「変化と持続」に着目する。

> 西洋や中国の文学と比較すると、日本文学には、いくつかの著しい特徴がある。その特徴は、第一に、文化全体のなかでの文学の役割に係り、第二に、その歴史的発展の型に係っている。さらに第三には、言語とその表記法、第四に、文学の社会的背景、第五に、その世界観的背景に係る。そういう特徴相互の関係を検討すれば、時代を一貫して日本文学という現象に固有の構造（の少なくとも一つの模型）が、明らかになるだろう。その構造の枠組のなかで、時代と共に変ってきた日本文学の歴史は、秩序だてて叙述されるにちがいない。（前掲『日本文学史序説』の

このような前提に立って書かれた『日本文学史序説』にはいくつかの特徴があり、一つは文学の概念に関わる特徴である。加藤の文学概念はきわめて広く、空海の『三教指帰』、道元『正法眼蔵』、一休宗純『狂雲集』、新井白石『藩翰譜』、農民一揆の檄文、近代では内村鑑三や幸徳秋水、戦後には丸山眞男や鶴見俊輔の作品までも文学の範疇でとらえる。こういう考え方で文学を考えるほうが、文学が豊かになると考えていたのである。

「世界観的背景」については、古代以来、日本文学には、第一に、外来思想に基づく文学作品があり、第二に、土着的世界観に基づく文学作品があり、第三に、この二つがベクトル合成された「日本化された外来思想」に基づく文学作品がある。こういう作品群が各時代に見られるという見解に立つ。ここでいう「土着的世界観」は丸山の「古層論」に示唆を受けていると思われる。

上代から中古にかけて、第一群に『十住心論』『往生要集』があり、第二群に『古事記』『万葉集』『今昔物語』があり、第三群に『源氏物語』がある。中世では第一群に『正法眼蔵』『狂雲集』があり、第二群に『新古今集』や連歌、狂言があり、第三群に『平家物語』や能楽があると考える。こういう作品群が各時代に生まれることを検証する。かくして日本文学史全体を視野におさめ、その変化と持続を明らかにしていく。

『日本　その心とかたち』は、日本美術史に関わる一〇の主題について論じる。加藤の構想では

『日本文学史序説』に並ぶ『日本美術史序説』を著す予定であったが、その発展の型が析出(せきしゅつ)できないままに、日本美術史上の問題点を述べるに止まった。しかし、「形は精神の表れである」という基本的な考え方は、ここにも活きている。

『日本文化における時間と空間』は、日本文化に表れる時間意識と空間意識を主題としたものである。本書を通して加藤は日本人のものの考え方に「今ここ主義」を析出する。

この三つの著書は、加藤の代表作といえるが、いずれも「雑種文化論」と「戦争と知識人」から出発し、日本人のものの考え方を究めようとした著作だといって間違いがない。

博覧強記の加藤の著作は多岐にわたるといわれる。たしかにそれは間違いではない。しかし、加藤は、生涯、一つの主題を執拗に問い続けたのである。

あとがき

加國尚志（立命館大学・加藤周一現代思想研究センター長）

本書は、和田博文先生の「まえがき」にある通り、山辺春彦氏と鷲巣力氏の共著です。東京女子大学丸山眞男記念比較思想研究センターと立命館大学加藤周一現代思想研究センターとの研究提携による共同企画展示をもとに刊行したものです。

＊

加藤周一は一九八八年から二〇〇〇年まで立命館大学国際関係学部の客員教授を務めました。また一九九二年から九五年まで立命館大学国際平和ミュージアムの初代館長に就き、立命館大学とは長く深い関係がありました。二〇〇八年一二月五日に加藤が亡くなったのち、二〇一〇年一二月に御遺族から当時の立命館大学図書館（現在は立命館大学平井嘉一郎記念図書館）に、加藤が遺した蔵書・資料（「手稿ノート」「来信書簡」「写真」など）が寄贈されました。

これらの資料の整理と公開の準備作業と学術研究のために、立命館大学は、二〇一五年、鷲巣氏を研究センター長として、立命館大学衣笠総合研究機構内に「加藤周一現代思想研究センター」を設立しました。以降、同研究センターでは、鷲巣力（現在、研究センター顧問）、半田侑子（立命館大学衣笠総合研究機構研究員）を中心に、大学院生数名の協力を得て「手稿ノート」の整理とデジタルアーカイブ化、および書簡・写真の整理を続けています。

また、蔵書・資料を保管するだけではなく、これらを広く一般に公開するために、二〇一六年に平井嘉一郎記念図書館の開館とともに、同図書館内に「加藤周一文庫」を創設しました。「加藤周一文庫」ではおよそ二万点に及ぶ加藤の蔵書の保管・公開（約一万二〇〇〇点を開架公開、約八〇〇〇点を閉架収蔵）に加え、一万頁を越える「手稿ノート」（総ファイル数一〇〇〇以上）や多数の書簡・写真を保管しています。

「手稿ノート」には、日記や執筆のための覚書などが採られ、加藤の著作や思想の生成を研究・分析するためには不可欠な資料です。「手稿ノート」の形態は、ルーズリーフ・冊子ノート・原稿用紙、紙片などさまざまです。資料保存の観点から、これらノートを一般に公開することはできません。そこで重要なノートを撮影した高精細画像を主題別にデジタルアーカイブ化し、ウェブサイト「立命館大学図書館／加藤周一文庫デジタルアーカイブ」（TRC-ADEAC）にて公開しています。

こうして、加藤の遺した「手稿ノート」を、誰でも、いつでも、どこからでも、画像によって閲覧することが可能となりました。このデジタルアーカイブの特徴は、見る画像の拡大縮小ができること、そして何よりも「キーワード検索」ができることにあります。あるキーワードで検索しますと、そのキーワードを含むすべてのノートの該当頁が示され、その頁を披（ひら）くことができます。こうしてノート間の横断的な検索が可能となり、公開ノートの数が増えれば増えるほど、使い勝手はよくなります。

「手稿ノート」は、「日記および日記関連」（「青春ノート」など）、「日本文学史」、「美術史」「社会問題・国際問題」「訪問記」という主題ごとに分類されます。二〇二三年三月末時点で、四二冊のノートがデジタルアーカイブとして公開されます。

また同研究センターでは、加藤の思想と行動の意義を広く一般にご理解いただくために、「加藤周一記念講演会」（これまでの講師として、大江健三郎氏、樋口陽一氏、浅田彰氏、海老坂武氏、寺島実郎氏、隈研吾氏、姜尚中氏、二〇二三年度は池辺晋一郎氏を予定）をはじめとして、研究会、公開講読会などを行っています。二〇一九年には東京日仏会館と立命館大学の共催で「加藤周一生誕百年記念国際シンポジウム」を開催しました。

＊

東京女子大学丸山眞男記念比較思想研究センターと立命館大学加藤周一現代思想研究センター共催の共同企画展示は、二〇一七年に両研究センターが結んだ研究提携協定に基づき、両大学の図書館展示場とウェブを使って公開し、さらに、これまでに「君たちはこれからどう生きるか――丸山眞男と加藤周一から学ぶ」（二〇一八年）、「〈おしゃべり〉からはじまる民主主義」（二〇一九年）、「我を人と成せし者は映画――加藤も丸山も映画大好き！」（二〇二〇年）、「知識人の自己形成――丸山眞男・加藤周一の出生から敗戦まで」（二〇二一、二〇二二年）といった企画を展示してきました。これらの展示は、両センターおよび両文庫が保有する資料を利用して作成したものです。

今回の共著は「知識人の自己形成――丸山眞男・加藤周一の出生から敗戦まで」という展示の構成を基にして、各章を山辺春彦氏と鷲巣力氏とが、それぞれ、丸山と加藤について執筆しています。「プロローグ」と「エピローグ」については、両氏が相談のうえで執筆にあたりました。

このような方法は、章ごとの分担執筆による従来の多くの共著本とは異なる性格をもっています。文字通りの共同作業であり、これまでの両センターの研究提携の成果であるといえます。なお、丸山に関する部分は、執筆にあたって丸山眞男記念比較思想研究センタースタッフの杉山亮氏（東京都立大学助教）に、年表作成にあたっては、加藤に関する部分については、加藤周一現代思想研究センター研究員の半田侑子氏に、執筆や校正などで御協力いただきました。本書の編集は気鋭の編集者山本拓氏にその労を取っていただきました。また丸山彰氏、木村雄一郎氏、東京女子大学図書館、立命館大学図書館には掲載資料を御提供いただきました。記して謝意とします。

現在、多くの大学・研究機関で二〇世紀後半の作家・知識人の資料を収蔵保管する個人文庫が誕生しつつあります。本書が、そのような個人文庫・研究センター間の研究提携と、資料研究に基づく共同企画として、今後の戦後日本思想史研究・比較思想研究の一つのモデルを提示できたことは、両センターにとって大きな喜びであります。

二〇二二年一二月一日

年表

作成：山辺春彦＋杉山亮＋鷲巣力＋半田侑子

年号	丸山眞男年譜	加藤周一年譜	社会・政治・文化の動き
1914（大正3）年	3月、大阪府東成郡天王寺村で丸山幹治・丸山セイの第二子として出生		6月、サラエボ事件 7月、第一次世界大戦勃発 8月、ドイツに宣戦布告
1915（大正4）年 丸山1歳			1月、21カ条要求提出
1916（大正5）年 丸山2歳		1月11日、加藤信一と増田ヲリ子が結婚	7月、第4回日ロ条約調印 8月、津田左右吉『文学に現はれたる我が国民思想の研究』刊行始まる 9月、工場法施行
1917（大正6）年 丸山3歳	5月、兵庫県武庫郡精道村に転居		3月、ロシア2月革命 7月、段祺瑞への財政援助を決定 9月、事実上の金本位制の停止 11月、ロシア10月革命
1918（大正7）年 丸山4歳	8月、米騒動を目撃。丸山幹治、白虹事件により大阪朝日新聞社を退職		3月、ブレスト＝リトフスク条約締結 8月、シベリア出兵宣言。大阪米騒動 9月、原敬内閣成立 11月、ドイツ革命、第一次大戦休戦
1919（大正8）年 丸山5歳		9月19日、東京市本郷区本富士町にて加藤信一・ヲリ子の第一子として出生 出生後ほどなく加藤一家は東京府豊多摩郡渋谷村大字中渋谷に転居	1月、パリ講和会議始まる 3月、3・1運動 4月、戦後ブーム始まる。『改造』創刊 5月、5・4運動 6月、ベルサイユ条約締結

年	丸山	加藤	社会
1920（大正9）年 丸山6歳／加藤1歳	4月、精道尋常小学校に入学 巖谷小波『こがね丸』を読む 小学校時代を通じて立川文庫を読む	10月20日、渋谷村大字中渋谷にて妹久子が出生（中渋谷は1928年に金王町と改称される）	1月、国際連盟設立。森戸事件 2月、普選デモ 3月、戦後恐慌始まる 4月、ソビエト＝ポーランド戦争始まる 7月、安直戦争
1921（大正10）年 丸山7歳／加藤2歳	4月、東京府東京市四谷区麴町に転居 初めて映画を浅草大勝館で観る		3月、ネップ採択 7月、中国共産党創設 10月、『思想』創刊 11月、原敬刺殺される。ワシントン会議始まる。皇太子、摂政就任
1922（大正11）年 丸山8歳／加藤3歳	四谷区愛住町に転居。四谷第一尋常小学校に転校。スラムの子どもともよく遊んだ	父信一、東京帝国大学附属病院退職	4月、ラパロ条約 7月、日本共産党結成 10月、イタリアでファシスト政権成立 11月、オスマン帝国滅亡 12月、ソ連成立
1923（大正12）年 丸山9歳／加藤4歳	9月、関東大震災に関する文章を執筆	9月、震災に遭遇し、母ヲリ子に背負われて逃げる	1月、ルール侵攻 9月、関東大震災、戒厳令施行、モラトリアム実施 11月、ミュンヘン一揆。孫文、「連ソ・容共・扶助工農」方針を出す 12月、虎ノ門事件
1924（大正13）年 丸山10歳／加藤5歳	3月、東京市学務課主催の「震災記念作品展覧会」に作文「大震災火災中の美談」が出展される 8月、震災体験を記した『恐るべき大震災大火災の思出』を製本	カトリック系幼稚園に通い始めたが、なじめずにほどなく退園する	1月、第2次護憲運動。第1次国共合作。マクドナルド内閣成立 6月、築地小劇場開場

年	丸山	加藤	事項
	11月、虎ノ門事件の判決の際、難波大助が「共産党万歳」と叫んだことを父から聞く		
1925（大正14）年 丸山11歳／加藤6歳	『荒木又右衛門』（池田富安監督）などチャンバラ映画を盛んに観る		3月、治安維持法成立、普通選挙法成立 5月、5・30事件 10月、ロカルノ条約
1926（大正15／昭和元）年 丸山12歳／加藤7歳	3月、四谷第一尋常小学校を卒業。武蔵高等学校尋常科入学試験を受けるが不合格。東京府立第一中学校入学試験に合格。合格祝いに新宿武蔵野館で『ボー・ジェスト』（H・ブレノン監督）を観る 4月、東京府立第一中学校に入学 入学後、新宿武蔵野館で『カリガリ博士』（R・ヴィーネ監督）を観る 中学校時代は『新青年』『現代日本文学全集』『世界文学全集』『現代戯曲全集』を耽読	4月、東京府豊多摩郡渋谷町立常磐松尋常小学校（現・東京都渋谷区立常磐松小学校）に入学 幼い頃病弱だったことが、運動を不得意にし、読書に親しませ文学書を好ませる	3月、労働農民党結成。中山艦事件 5月、英国炭鉱スト始まる 7月、北伐開始 12月、大正天皇崩御
1927（昭和2）年 丸山13歳／加藤8歳	2月、大正天皇の葬列を観る		2月、大正天皇大喪の礼 3月、金融恐慌 4月、若槻内閣総辞職。モラトリアム施行。4・12クーデタ 6月、立憲民政党結成。東方会議
1928（昭和3）年 丸山14歳／加藤9歳	2月、社会民衆党候補・菊池寛の応援演説会を聴く 『グリーン家殺人事件』を原書で読む	この頃から祖父増田熊六に連れられて従兄たちと映画を観るようになる	2月、第1回普通選挙 6月、張作霖爆殺事件。治安維持法改正

	浅草金龍館で初めてのオペラ『カルメン』を観る 映画『新版大岡政談』（伊藤大輔監督）を観る		8月、パリ不戦条約 10月、ソ連・第1次5カ年計画
1929（昭和4）年 丸山15歳／加藤10歳	8月、担任の指導によるものか日記をつける（『休暇日記』）。いくつか俳句もある	担任の松本謙次から理科の実験の手ほどきを受ける 学級で「小さな事件」が起き、加藤は担任の助け舟に乗ったが、級友たちを裏切ったと心の傷となる 原田三夫編集『子供の科学』を愛読 菊池寛編集、芥川龍之介協力の『小学生全集』（全88巻）を愛読	7月、浜口雄幸内閣成立。第2次幣原外交・井上財政始まる 10月、世界恐慌始まる 11月、金解禁。産業合理化政策本格化
1930（昭和5）年 丸山16歳／加藤11歳	3月、中学4年修了で第一高等学校入学試験を受けるが不合格 7月、『学友会雑誌』に"Ononotofu and the Frog"を発表	小学校5年修了予定で東京府立第一中学校の入学試験を受験して合格する 成績優秀な大工の息子が、貧しさゆえに中学進学をあきらめざるを得なかったことに、社会的不平等を意識する 父の書斎で万葉集の註釈本を抜き、ことばの響きに感動する	1月、ロンドン海軍軍縮会議（加藤の大叔父岩村清一、随員として参加） 4月、統帥権干犯問題 11月、浜口雄幸狙撃される この年、昭和恐慌始まる
1931（昭和6）年 丸山17歳／加藤12歳	4月、第一高等学校文科乙類に入学	4月、東京府立第一中学校（現東京都立日比谷高等学校）入学	3月、3月事件 4月、スペイン第2共和国成立

	5月、東京市外高井戸町に転居 9月、『四平会会誌』に「ディートリッヒを語る」を発表 高校時代を通じて新カント派の原典を読む（リッケルト『認識の対象』など） 映画『三文オペラ』（G・W・パプスト監督）を観る	同学年に矢内原伊作、山本進、高坂知英が在籍するも在学時代の親交はなかった 渋谷町大字金王町から同大字美竹町に転居する 自宅2階から夕陽の沈むのを眺めるのを日課とする 映画『三文オペラ』（G・W・パプスト監督）を観る	9月、満洲事変 11月、瑞金政府成立 12月、高橋財政始まる。金輸出再禁止
1932（昭和7）年 丸山18歳／加藤13歳	5月、学生寮委員に選出。ボート部のストーム問題に対応	中学時代に『万葉集』に接し、芥川龍之介を愛読し、芥川に導かれてアナトール・フランスへ関心を拡げていく	2・3月、血盟団事件 3月、満洲国建国宣言 5月、五・一五事件。『日本資本主義発達史講座』の刊行始まる
1933（昭和8）年 丸山19歳／加藤14歳	4月、唯物論研究会の講演会に出席し、本富士署に検挙される 9月、1学期、乙類で成績1位。塙作楽から評語を送られる。兄鐵雄、『大阪朝日新聞』京都版に「戦友（大学の歌）」を投書 尾崎咢堂「墓標の代わりに」を読んで衝撃を受ける 映画『巴里祭』（R・クレール監督）を観る	第一中学校になじめずに中学時代を「空白五年」と表現する。中学時代には『学友会雑誌』に一度も寄稿しなかった 映画『巴里祭』（R・クレール監督）を観る	1月、ヒトラー首相就任 3月、国際連盟脱退 4月、京大事件 5月、塘沽停戦協定 6月、佐野学・鍋山貞親、獄中で転向声明
1934（昭和9）年 丸山20歳／加藤15歳	4月、東京帝国大学法学部政治学科に入学 8月、岡義武「政治史」講義の課題レポートのために『日本資本主義発達史講座』を熟読	図画のネギ（本名は高城次郎）先生は監督なしの試験を試みたが、不正が発生し、失敗に帰したことに強い衝撃を受ける	4月、帝人事件 9月、関東庁職員総辞職を決議 この年、大財閥の満洲進出始まる

年	丸山	加藤	社会
	9月、築地小劇場に通い始める 11月、築地小劇場で新協劇団の『夜明け前』を観て感動し、原作を読む 映画『会議は踊る』（E・シャレル監督）を観る 宮沢俊義「憲法」、牧野英一「刑法」、末弘厳太郎「民法第一部」などを受講	映画『会議は踊る』（E・シャレル監督）を観る	
1935（昭和10）年 丸山21歳／加藤16歳	1月、岡義武に課題レポートを提出 8月、緑会懸賞論文執筆のために政治学の原書を集中的に勉強（ラスキ『理論と実際における国家』『危機に立つデモクラシー』、ブライス『近代民主政治』など） 映画『外人部隊』（J・フェデー監督）を観る 蠟山政道「政治学」、神川彦松「外交史」、末広厳太郎「民法第二部」、田中耕太郎「商法」、河合栄治郎の特別講義などを受講	中学4年修了予定で第一高等学校入学試験を受けるが不合格となる 夏、妹久子とともに初めて信州追分に逗留（以後、亡くなるまで夏季には追分に滞在することを常とする） 追分は、堀辰雄、立原道造、中村真一郎らと知りあう場となる 映画『未完成交響楽』（W・フォルスト監督）を観る 映画『外人部隊』（J・フェデー監督）を観る	2月、天皇機関説事件（国体明徴問題） 6月、梅津・何応欽協定 7月、第7回コミンテルン大会 8月、8・1宣言 10月、エチオピア戦争始まる
1936（昭和11）年 丸山22歳／加藤17歳	2月、2・26事件の性格をめぐって兄と論争 4月、南原繁「政治学史」受講、「開講の辞」に衝撃を受ける。南	2月、中学校卒業直前に2・26事件に遭遇し、政治の冷酷さを実感する 3月、東京府立第一中学校卒	2月、2・26事件 5月、斎藤隆夫「粛軍演説」 8月、五相会議 11月、日独防共協定

	原の政治学史講義の演習「ヘーゲル『歴史哲学序説』」に参加 5月、築地小劇場で新協劇団の『天佑丸』を観る 8月、松本武四郎の勧めでロマン・ロラン『ジャン・クリストフ』『ベートーヴェンの生涯』を読む 9月、緑会懸賞論文として「政治学に於ける国家の概念」を提出、入選 12月、南原繁の勧めで助手に応募、日本政治思想史を志す 末弘厳太郎「民法第三部」、大内兵衛「財政学」、中田薫「法制史」、蠟山政道「行政学」、矢内原忠雄「殖民政策」などを受講 『ローザ・ルクセンブルクの手紙』、ウェーバー『経済史』「職業としての政治」「議会と政府」、マンハイム『イデオロギーとユートピア』などを読む	業、卒業アルバムには、加藤の写真は見当たらず、記念撮影への参加を拒んだと思われる 4月、第一高等学校理科乙類入学。寄宿寮に入る 4月、庭球部と映画演劇研究会に所属 高校時代、公開される映画のほとんどを妹久子と連れ立って観る ドイツ文学の片山敏彦、国文学の五味智英の授業にも出席 また中村真一郎、大野晋、小山弘志らと五味智英が指導した『万葉集』の輪読に参加 12月、第一高等学校の『向陵時報』に「映画評「ゴルゴダの丘」」を藤澤正という筆名で発表（もっとも早い公表著作）	12月、西安事件
1937（昭和12）年 丸山23歳／加藤18歳	3月、東京帝国大学法学部政治学科卒業。4月に同学部助手となる。その後、憲兵隊に召喚される。また、本籍地の長野で徴兵検査を受ける 5月、南原繁の招待で文楽「八百屋お七」を観る	矢内原忠雄の授業に出たが、その授業は自由主義者の最後の「遺言」を聴いているのだと感じる 映画『新しき土』（A・ファンク、伊丹万作監督）を観る	6月、第1次近衛文麿内閣成立 7月、盧溝橋事件 8月、吉野源三郎『君たちはどう生きるか』（新潮社）刊行 12月、矢内原忠雄が東京帝国大学経済学部教授を辞職。南京占領、南京事件。第1次人民戦線事件

年	丸山	加藤	世界
	6月、矢部貞治の講演を聴く 7月、初めて発哺に行く 12月、スキーから帰京後、肺炎となり3カ月休職 吉野源三郎『君たちはどう生きるか』、古在由重『現代哲学』、ドストエフスキー『悪霊』、初期マルクスの著作、ラスキ『近代国家における自由』を読む 助手時代を通じてヘーゲル『精神現象学』、ウェーバー『プロテスタンティズムの倫理と資本主義の精神』、ボルケナウ『封建的世界像から市民的世界像へ』を読む。アテネ・フランセでフランス語を学ぶ 助手時代に宮沢俊義に誘われ能楽堂に行く	2月、『向陵時報』に「映画評「新しき土」」を発表 10月、「劇評「アンナカレーニナ」」と「劇評「土」」を『向陵時報』に発表 12月、「劇評「キノドラマ新選組」」を『向陵時報』に発表 この頃から「ノート」(『青春ノート』加藤周一文庫デジタルアーカイブで公開)を採り始め、創作、評論、日記の区別なく記す	
1938(昭和13)年 丸山24歳/加藤19歳	療養中に波多野精一『宗教哲学』を読む 1月、「一九三六―三七年の英米及び独逸政治学界」を『国家学会雑誌』に発表 4月より、平泉澄の「日本思想史」講義を聴く 9月、応召するが即日帰郷。和辻哲郎の「日本倫理思想史」講義を聴く	1月、小説「小酒宴」を『向陵時報』に発表 2月、小説「正月」(自選集1に収録)を『校友会雑誌』に発表 3月、発禁処分を受けた石川達三の「生きてゐる兵隊」(『中央公論』)を読む。処分漏れを入手したらしい 3月、庭球部は退部	2月、第2次人民戦線事件 3月、オーストリア併合 4月、国家総動員法公布、電力国家管理実現 9月、ミュンヘン協定 10月、武漢占領

12月、劇団東童「君たちはどう生きるか」を観る
福沢諭吉『文明論之概略』、大塚久雄『株式会社発生史論』『欧州経済史序説』、土屋喬雄『日本経済史概要』、ジンメル『哲学の根本問題』を読む。映画『民族の祭典』『美の祭典』（いずれもL・リーフェンシュタール監督）を観る

4月、第一高等学校の『校友会雑誌』の編集委員を務める。また文芸部委員も務める
6月、小説「従兄たち」を『校友会雑誌』に発表
11月、小説「秋の人々」を『校友会雑誌』に発表
映画『舞踏会の手帖』（J・デュヴィヴィエ監督）を観る

1939（昭和14）年
丸山25歳／加藤20歳

10月より、津田左右吉の「東洋政治思想史」講義を聴く
12月、津田左右吉、原理日本社系学生から質問攻め。丸山が守る

1月、「マルキシズム」について「ノートⅢ」に綴る
2月、「戦争と文学とに関する断想」を『向陵時報』に発表（著作集8に収録）
3月、東京帝国大学医学部入学試験に不合格
3月、第一高等学校理科乙類卒業
横光利一を座談会に呼び、論争を挑むことになる
4月、浪人生活始まる。予備校に通わず自宅で学習
6月、小島信夫、矢内原伊作らと同人誌『崖』の創刊に参加し、小説「春日抄」を発表
10月、詩「窓」を『崖』に発表
ヴィットコップ編『ドイツ戦

1月、平賀粛学
5月、ノモンハン事件
9月、第2次世界大戦勃発

年	丸山眞男	加藤周一	社会
		殁学生の手紙』、カロッサの従軍日記『ルーマニヤ日記』、レマルク『西部戦線異状なし』、火野葦平『麦と兵隊』などを読む 映画『望郷』（J・デュヴィヴィエ監督）を観る	
1940（昭和15）年 丸山26歳／加藤21歳	2～5月、「近世儒教の発展における徂徠学の特質並にその国学との関連」を『国家学会雑誌』に発表 6月、東京帝国大学法学部助教授となる 9月、「或日の会話」を『公論』に発表 10月より、村岡典嗣の「東洋政治思想史」講義を聴く 10月、昭和天皇が東京帝国大学に行幸	「小林秀雄論序」「立原道造論序」「立原道造論覚書」を「ノートVI」に綴る 4月、東京帝国大学医学部入学 湿性肋膜炎を患い、一時生死のあいだを彷徨った この年から医学部の授業を受けながらも、文学部仏文研究室に出入りし、辰野隆、鈴木信太郎、渡辺一夫の薫陶を受ける。中島健蔵、森有正、三宅徳嘉などとも知己を得る 夏季を過ごした追分では、一日中、フランス文学を読む。ことにポール・ヴァレリーを好んで読む この頃、太田正雄の「皮膚科学講義」を受講し感銘を受く	2月、斎藤隆夫「反軍演説」。翌月、議員除名 7月、第2次近衛内閣成立。大本営政府連絡会議で武力行使を含む南進政策決まる 9月、北部仏印進駐。日独伊三国同盟成立 10月、大政翼賛会発会

1941（昭和16）年 丸山27歳／加藤22歳	6月、独ソ戦が始まり、家で万歳を叫ぶ 7月から翌年8月にかけて、「近世日本政治思想における「自然」と「作為」――制度観の対立としての」を『国家学会雑誌』に発表 11月、映画『スミス都へ行く』（F・キャプラ監督）を観る 12月、対英米開戦の日に「このまま枢軸が勝ったら世界の文化はお終いです」という南原繁の一言を聴く 「津田左右吉博士の裁判に関する上申書」の署名を集める。E・H・ノーマンを知る	藤原定家、実朝、西行、建礼門院右京太夫の歌集を読む 医学部学生の同人誌『しらゆふ』2号に「嘗て一冊の『金槐集』餘白に」を発表 12月8日、太平洋戦争開戦の日、「ノートⅧ」に「弾丸や飢えは僕を変へるであらう。勇気の要るのもその時であらう」と綴る 同日、新橋演舞場で文楽の引っ越し公演を観たと『羊の歌』に記されるが、豊増昇のベートーヴェン・ピアノソナタ連続演奏会の最終回に行ったと思われる	4月、日ソ中立条約。日米交渉始まる 6月、独ソ戦始まる 7月、南部仏印進駐 10月、東条英機内閣成立 12月、対米英蘭開戦
1942（昭和17）年 丸山28歳／加藤23歳	2月、蠟山道雄と発哺へスキー旅行 3月、東京帝国大学東洋文化研究所員を兼ねる。東洋学会設立に参加 4月、「福沢諭吉の儒教批判」を『東京帝国大学学術大観　法学部　経済学部』に発表 5月、歴史学研究会日本史部会で「近世封建社会の基礎づけ方の二態様」という題で報告	4月、《ほろびしものは美しきかな》という句をもって『青春ノート』（人文書院）の記述は終わる 11月、「物象詩集に就いて」を『四季』に発表 秋、中村真一郎、福永武彦、窪田啓作らと文学者集団「マチネ・ポエティク」を結成。主として加藤の自宅に定期的に集まり、創作作品の朗読を	4月、米陸軍による日本本土初空襲。翼賛選挙 6月、ミッドウェー海戦で敗北 9月、細川嘉六、『改造』掲載論文を理由に検挙（横浜事件の発端となる）。座談会『近代の超克』（『文学界』）

年	丸山	加藤	社会
	6月、「神皇正統記に現はれたる政治観」を『日本学研究』に発表 10月、東京帝国大学法学部政治学政治学史第三講座を担当	行う カソリック指導者岩下壮一の著作をさかんに読み、岩下に師事した倫理学の吉満義彦の講義を受ける	
1943（昭和18）年 丸山29歳／加藤24歳	11月、「福沢に於ける秩序と人間」を『三田新聞』に発表 安井郁の招きで辻清明とベートーヴェン『フィデリオ』の日本初公開を観て落胆する	9月、東京帝国大学医学部を繰り上げ卒業。同大学附属病院佐々内科に副手として勤務 11月、詩「妹に」（2編）を『向陵時報』に発表 中尾喜久、三好和夫に徹底して血液学と実証主義的方法を叩きこまれる	2月、ガダルカナル島撤退 6月、谷崎潤一郎『細雪』連載禁止される 9月、イタリア無条件降伏 12月、学徒出陣始まる
1944（昭和19）年 丸山30歳／加藤25歳	3月、小山ゆか里と結婚 5月、文学座「富島松五郎伝」を観る 7月、応召。出発日の朝まで「国民主義の「前期的」形成」の後半部分を執筆。朝鮮の平壌に向かうが脚気となり、平壌第二陸軍病院に入院 10月、退院。召集解除 12月、新交響楽団のベートーヴェン第9番交響曲を聴く	5月、戯曲「トリスタンとイズーとマルク王との一幕」を『向陵時報』に発表 日中には医局に詰め被災者の治療にあたり、夜間は病院に寝泊まりし、フランス文学を読みふける生活となる	6月、マリアナ沖海戦 7月、東条内閣総辞職。横浜事件により中央公論社と改造社が解散を命じられる 10月、レイテ沖海戦
1945（昭和20）年 丸山31歳／加藤26歳	3月、再応召。広島市の陸軍船舶通信連隊、陸軍船舶部隊に配属 4月、陸軍船舶司令部参謀部情報	3月、東京大空襲に際し大学病院で被災者の治療にあたる 春、東京帝国大学医学部佐々	2月、ヤルタ会談 3月、東京大空襲 4月、米軍沖縄上陸

	班に転属（入手した情報は『備忘録』にまとめる） 8月、広島原爆投下に遭遇し被爆。母セイ死去。谷口太郎少佐に満洲事変以後の日本政治史を講義 9月、召集解除。ノーマンのために東京帝国大学図書館蔵の安藤昌益『自然真営道』の資料選択を行う 尾形典男らとラスキ "A Grammar of Politics" の読書会を始める 10月、田中耕太郎、高木八尺、高坂正顕とともに近衛文麿に面会 青年文化会議結成に参加 11月、緑会で講演 12月、三島文化協会主催の講演会で講演 復員後、渋谷の映画館で『望郷』（J・デュヴィヴィエ監督）を観る	内科教室とともに信州上田の結核療養所に疎開した 8月上旬、報道の論調が「徹底抗戦」から「国体護持」に変化するのを察知する 8月15日、上田で敗戦を迎える。周囲の加藤に対する態度が一変することを感じた 9月、信州上田から帰京し、焼け野原の東京を目撃する 東京都目黒区宮前町に転居 10月、「原子爆弾影響日米合同調査団」の一員として約2カ月間広島市宇品に滞在し、治療と調査に従事する。戦後、このときに知り合ったメイスン博士を仲介にして、米国留学を図った（しかし、1949年の母ヲリ子の逝去を契機に、沙汰止みになる）	5月、ドイツ降伏 7月、ポツダム会談 8月、広島・長崎に原爆投下。ポツダム宣言受諾、玉音放送 9月、降伏文書に調印。アメリカ大統領対日方針発表。GHQ、軍需生産全面停止を指令。三木清獄死 10月、5大改革始まる。治安維持法廃止。国際連合成立 11月、財閥解体 12月、婦人参政権。労働組合法公布

参考文献

丸山眞男の著作などシリーズ

丸山眞男『丸山眞男集』第四刷、全一六巻・別巻（新訂増補）、岩波書店、二〇一四〜一五年
丸山眞男『丸山眞男集 別集』全四巻、岩波書店、二〇一四〜一八年
丸山眞男『丸山眞男講義録』全七冊・別冊二冊、東京大学出版会、一九九八〜二〇一七年
丸山眞男『丸山眞男座談』全九冊、岩波書店、一九九八年
丸山眞男『丸山眞男話文集』全四巻、みすず書房、二〇〇八〜〇九年
丸山眞男『丸山眞男話文集 続』全四巻、みすず書房、二〇一四〜一五年

丸山眞男著書および著作

丸山眞男「一九三三年の所感五点」一九三三年（『丸山眞男集 別集』第一巻）
丸山眞男「現状（status quo）維持と「現状打破」」一九三六年（『丸山眞男話文集』第一巻）
丸山眞男「政治学に於ける国家の概念」一九三六年（『丸山眞男集』第一巻）
丸山眞男「近世儒教の発展における徂徠学の特質並にその国学との関連」一九四〇年（『丸山眞男集』第一巻）
丸山眞男「或日の会話」一九四〇年（『丸山眞男集』第一巻）
丸山眞男「近世日本政治思想における「自然」と「作為」——制度観の対立としての」一九四一〜四二年（『丸山眞男集』第二巻）
丸山眞男「福沢に於ける秩序と人間」一九四三年（『丸山眞男集』第二巻）

丸山眞男「高橋勇治「孫文」」一九四四年（『丸山眞男集』第二巻）
丸山眞男「超国家主義の論理と心理」一九四六年（古矢旬編『超国家主義の論理と心理 他八篇』岩波文庫、二〇一五年）
丸山眞男「孫文と政治教育」一九四六年（『丸山眞男集 別集』第一巻）
丸山眞男「陸羯南——人と思想」一九四七年（『丸山眞男集』第三巻）
丸山眞男「日本ファシズムの思想と運動」一九四八年（『超国家主義の論理と心理 他八篇』）
丸山眞男「軍国支配者の精神形態」一九四九年（『超国家主義の論理と心理 他八篇』）
丸山眞男他「日本の思想における軍隊の役割」一九四九年（『丸山眞男座談』第一冊）
丸山眞男「思想と政治」一九五七年（『丸山眞男集』第七巻）
丸山眞男「日本の思想」一九五七年（『丸山眞男集』第七巻）
丸山眞男他「戦争と同時代——戦後の精神に課せられたもの」一九五八年（『丸山眞男座談』第二冊）
丸山眞男「一月一三日　丸山眞男先生速記録」一九五九年（『丸山眞男集 別集』第二巻）
丸山眞男他「生きてきた道——『戦中と戦後の間』の予備的な試み」一九六五年（『丸山眞男話文集 続』第一巻）
丸山眞男「二十世紀最大のパラドックス」一九六五年（『丸山眞男集』第九巻）
丸山眞男・古在由重「一哲学徒の苦難の道——昭和思想史への証言」一九六六年（『丸山眞男座談』第五冊）
丸山眞男他「丸山眞男氏を囲んで——著者と語る」一九六六年（『丸山眞男座談』第五冊）
丸山眞男他「丸山先生を囲んで」一九六六年（『丸山眞男座談』第七冊）
丸山眞男・鶴見俊輔「普遍的原理の立場」一九六七年（平石直昭編『丸山眞男座談セレクション』下、岩波現代文庫、二〇一四年）
丸山眞男・加藤周一・石田雄「日本の知識人」一九六七年（『丸山眞男集 別集』第三巻）
丸山眞男「二十四年目に語る被爆体験」一九六九年（『丸山眞男話文集』第一巻）
丸山眞男・加藤周一「歴史意識と文化のパターン」一九七二年（『丸山眞男座談』第七冊）

丸山眞男「南原繁著作集第四巻 解説」一九七三年（『丸山眞男集』第一〇巻）
丸山眞男「南原先生を師として」一九七五年（『丸山眞男集』第一〇巻）
丸山眞男「南原先生と私――私個人の戦中・戦後の学問の歩み」一九七七年（『丸山眞男話文集』第一巻）
丸山眞男「近代日本の知識人」一九七七年（『丸山眞男集』第一〇巻）
丸山眞男・埴谷雄高「文学と学問」一九七八年（『丸山眞男座談』第八冊）
丸山眞男「映画とわたくし」一九七九年（『丸山眞男集』第一一巻）
丸山眞男「日本思想史における「古層」の問題」一九七九年（『丸山眞男集』第一一巻）
丸山眞男・鷲巣力「『加藤周一著作集』をめぐって」一九八〇年（『丸山眞男集 別集』第三巻）
丸山眞男他「一九三〇年代、法学部学生時代の学問的雰囲気」一九八五年（『丸山眞男話文集 続』第一巻）
丸山眞男他「如是閑さんと父と私」一九八五年（『丸山眞男集』第一六巻）
丸山眞男『「文明論之概略」を読む』一九八六年（『丸山眞男集』第一三・一四巻）
丸山眞男「日本政治思想史というジャンルが初めて市民権を得た思いです」一九八六年（『丸山眞男集』第一六巻）
丸山眞男他「『著作ノート』から長野オリンピックまで――丸山眞男先生を囲む会」一九八八年（『丸山眞男話文集 続』第二巻）
丸山眞男「丸山眞男・李沢厚対談メモ」一九八九年（『東京女子大学丸山眞男記念比較思想研究センター報告』第一一号、二〇一六年）
丸山眞男「昭和天皇をめぐるきれぎれの回想」一九八九年（『丸山眞男集』第一五巻）
丸山眞男他「現代の中国と日本・『シュピーゲル』事件・『昭和天皇独白録』――丸山眞男先生を囲む会」一九九一年（『丸山眞男話文集 続』第二巻）
丸山眞男他「岡義武――人と学問」一九九三年（『丸山眞男座談セレクション』下）
丸山眞男「わたしの中学時代と文学」一九九三年（『丸山眞男集』第一五巻）

丸山眞男他「戦争とオペラをめぐる断想──伊豆山での対話」一九九四年（『丸山眞男話文集』第三巻）
「みすず」編集部編『丸山眞男の世界』みすず書房、一九九七年
丸山眞男『自己内対話　三冊のノートから』みすず書房、一九九八年
丸山眞男『自由について　七つの問答』編集グループ〈SURE〉、二〇〇五年
丸山眞男他「未発表インタビュー──一九八九年の丸山眞男」（『すばる』第三五巻第二号、二〇一三年）
丸山眞男「戦中「東洋政治思想史」講義原稿」（『丸山眞男記念比較思想研究センター報告』第八号、二〇一三年）
丸山眞男「一九四七年度・一九四五年度「東洋政治思想史」講義原稿」（『丸山眞男記念比較思想研究センター報告』第九号、二〇一四年）
丸山眞男「『丸山眞男書簡集』未収録書簡」（『丸山眞男話文集 続』第四巻）
松沢弘陽・植手通有・平石直昭編『定本 丸山眞男回顧談』上・下、岩波現代文庫、二〇一六年
笹倉秀夫「丸山眞男インタビュー全三回の記録（一九八四・一九八五年）」（『早稲田法学』第九五巻第四号、二〇二〇年）

丸山眞男関連文献

三谷太一郎「わが青春の丸山体験」一九九六年（『丸山眞男の世界』所収）
藤田省三『藤田省三著作集一〇　異端論断章』みすず書房、一九九七年
笹倉秀夫『丸山眞男の思想世界』みすず書房、二〇〇三年
苅部直『丸山眞男　リベラリストの肖像』岩波新書、二〇〇六年
宮村治雄『戦後精神の政治学　丸山眞男・藤田省三・萩原延壽』岩波書店、二〇〇九年
尾原宏之『娯楽番組を創った男　丸山鐵雄と〈サラリーマン表現者〉の誕生』白水社、二〇一六年
加藤周一「加藤周一書簡 丸山眞男宛二六点」（『丸山眞男記念比較思想研究センター報告』第一二号、二〇一七

年）
西村稔『丸山眞男の教養思想　学問と政治のはざまで』名古屋大学出版会、二〇一九年
平石直昭『福澤諭吉と丸山眞男　近現代日本の思想的原点』北海道大学出版会、二〇二一年

加藤周一著作集などシリーズ

『加藤周一著作集』全二四巻、平凡社、一九七八〜二〇一〇年
『加藤周一講演集』全四巻＋別巻、かもがわ出版、一九九六〜二〇〇九年
『加藤周一セレクション』全五巻、平凡社、一九九九〜二〇〇〇年
『加藤周一対話集』全六巻＋別巻、かもがわ出版、二〇〇〇〜〇八年
『加藤周一自選集』全一〇巻、岩波書店、二〇〇九〜一〇年

加藤周一著書および著作

加藤周一「天皇制を論ず」『大学新聞』一九四六年三月二一日（『加藤周一自選集1』岩波書店、二〇〇九年）
加藤周一・中村真一郎・福永武彦『１９４６　文学的考察』真善美社、一九四七年（講談社文芸文庫、二〇〇六年）
マチネ・ポエティク同人『マチネ・ポエティク詩集』真善美社、一九四八年（水声社、二〇一四年）
加藤周一「日本の庭」『文藝』河出書房、一九五〇年（前掲『加藤周一自選集1』）
加藤周一『ある晴れた日に』月曜書房、一九五〇年（岩波現代文庫、二〇〇九年）
加藤周一『抵抗の文学』岩波新書、一九五一年
加藤周一「ネギ先生の想い出」『6・3教室』新教育協会、一九五一年（前掲『加藤周一自選集1』）
加藤周一「日本文化の雑種性」『思想』三七二号、岩波書店、一九五五年（前掲『加藤周一自選集2』二〇〇九年）

加藤周一『運命』大日本雄弁会講談社、一九五六年
加藤周一『雑種文化――日本の小さな希望』大日本雄弁会講談社、一九五六年（講談社文庫、一九七四年）
加藤周一「現代ヨーロッパにおける反動の論理」『岩波講座現代思想5　反動の思想』岩波書店、一九五七年（『現代ヨーロッパの精神』岩波現代文庫、二〇一〇年）
加藤周一『ウズベック・クロアチア・ケララ紀行――社会主義の三つの顔』岩波新書、一九五九年
加藤周一「戦争と知識人」『近代日本思想史講座4　知識人の生成と役割』筑摩書房、一九五九年（前掲『加藤周一自選集2』）
加藤周一「読書の想い出」『読売新聞』一九六四年一〇月二、九、一六、二三日（前掲『加藤周一自選集3』二〇〇九年）
加藤周一『三題噺』筑摩書房、一九六五年（ちくま文庫、二〇一〇年）
加藤周一『芸術論集』岩波書店、一九六七年
加藤周一『羊の歌――わが回想』（正・続）、岩波新書、一九六八年（改版、二〇一四年）
加藤周一『言葉と戦車』筑摩書房、一九六九年
丸山眞男・加藤周一（対談）「歴史意識と文化のパターン」『日本の思想6　歴史思想集』別冊」筑摩書房、一九七二年（『歴史・科学・現代――加藤周一対談集』ちくま学芸文庫、二〇一〇年）
加藤周一『中国往還』中央公論社、一九七二年
加藤周一『幻想薔薇都市』新潮社、一九七三年（岩波書店、一九九四年）
加藤周一『日本文学史序説』筑摩書房、上一九七五年、下一九八〇年（ちくま学芸文庫〔上下〕、一九九九年）
加藤周一『薔薇譜』湯川書房、一九七六年
加藤周一『言葉と人間』朝日新聞社、一九七七年
加藤周一『美しい時間』湯川書房、一九八〇年
加藤周一『山中人閒話』福武書店、一九八三年（朝日新聞社、一九八七年）

加藤周一『サルトル』（人類の知的遺産七七）講談社、一九八四年
武田清子編、加藤周一・木下順二・丸山眞男『日本文化のかくれた形』岩波書店、一九八四年（同時代ライブラリー、岩波書店、一九九一年）
加藤周一『絵のなかの女たち』南窓社、一九八五年（平凡社、一九八八年）
加藤周一『梁塵秘抄』（古典を読む）岩波書店、一九八六年
加藤周一『夕陽妄語』全八巻、朝日新聞社、一九八七～二〇〇七年（全三巻、ちくま文庫、二〇一六年）
前田愛・加藤周一（編）『文体』（日本近代思想大系）岩波書店、一九八九年
丸山眞男・加藤周一（編）『翻訳の思想』（日本近代思想大系）岩波書店、一九九一年
加藤周一『梁塵秘抄・狂雲集』（同時代ライブラリー）岩波書店、一九九七年
加藤周一『鷗外・茂吉・杢太郎』（ＮＨＫ人間大学）日本放送出版協会、一九九五年
加藤周一・樋口陽一『時代を読む――「民族」「人権」再考』岩波書店、一九九七年（岩波現代文庫、二〇一四年）
加藤周一・丸山眞男『翻訳と日本の近代』岩波新書、一九九八年
加藤周一『富永仲基異聞　消えた版木』かもがわ出版、一九九八年
加藤周一『小さな花』かもがわ出版、二〇〇一年
加藤周一『私にとっての20世紀』岩波書店、二〇〇〇年（岩波現代文庫版、二〇〇九年）
加藤周一『高原好日――20世紀の思い出から』、信濃毎日新聞、二〇〇四年（ちくま文庫版、二〇〇九年）
加藤周一『二〇世紀の自画像』ちくま新書、二〇〇五年
加藤周一『『日本文学史序説』補講』かもがわ出版、二〇〇六年（ちくま学芸文庫、二〇一二年）
加藤周一『日本文化における時間と空間』岩波書店、二〇〇七年
加藤周一『加藤周一が書いた加藤周一』平凡社、二〇〇九年
加藤周一『『羊の歌』余聞』ちくま文庫、二〇一一年

加藤周一『加藤周一　青春ノート　一九三七〜一九四二』人文書院、二〇一九年
加藤周一『称えることば　悼むことば――加藤周一推薦文・追悼文集』西田書店、二〇一九年

加藤周一に関する著書・論文

丸山眞男「文学史と思想史について――W君との雑談」「『加藤周一著作集5』月報」平凡社、一九八〇年（『丸山眞男集第一一巻』岩波書店、一九九六年）
海老坂武『戦後思想の模索――森有正、加藤周一を読む』みすず書房、一九八一年
田口富久治「丸山眞男の「古層論」と加藤周一の「土着世界観」」『丸山眞男とマルクス主義』日本経済評論社、二〇〇五年
青土社（編）『現代思想　総特集加藤周一』青土社、二〇〇九年七月臨時増刊号
大江健三郎他『冥誕――加藤周一追悼』かもがわ出版、二〇〇九年
白沙会（編）『私にとっての加藤周一』かもがわ出版、二〇〇九年
菅野昭正（編）『知の巨匠　加藤周一』岩波書店、二〇一一年
鷲巣力『「加藤周一」を読む』岩波書店、二〇一一年（平凡社ライブラリー版、二〇二三年、近刊）
鷲巣力『「加藤周一」という生き方』筑摩選書、二〇一二年
ジュリー・ブロック（編著）『加藤周一における「時間と空間」』かもがわ出版、二〇一二年
海老坂武『加藤周一――二十世紀を問う』岩波新書、二〇一三年
樋口陽一『加藤周一と丸山眞男――日本近代の〈知〉と〈個人〉』平凡社、二〇一四年
丸山眞男「『加藤周一著作集』をめぐって――W氏との対談」『丸山眞男集別集第三巻』岩波書店、二〇一五年
成田龍一『加藤周一を記憶する』講談社現代新書、二〇一五年
小関素明「加藤周一の精神史――性愛・詩的言語とデモクラシー」『立命館大学人文科学研究所紀要』一一一号、二〇一七年

鷲巣力『加藤周一はいかにして「加藤周一」となったか――『羊の歌』を読みなおす』岩波書店、二〇一八年
渡辺考・鷲巣力（編著）『加藤周一　青春と戦争――『青春ノート』を読む』論創社、二〇一八年
千場辰夫『「日本文化論」を超えて――加藤周一「土着世界観」とその行く先』花伝社、二〇一九年
三浦信孝・鷲巣力（編）『加藤周一を21世紀に引き継ぐために』水声社、二〇二〇年
劉争『「例外」の思想――戦後知識人・加藤周一の射程』現代図書、二〇二〇年
岩津航『レトリックの戦場――加藤周一とフランス文学』丸善出版、二〇二一年
半田侑子「「日本文化の雑種性」の成立について」『立命館大学人文科学研究所紀要』一二九号、二〇二一年
鷲巣力「なぜ『日本文学史序説』は書かれたのか」『日仏文化』九一号、日仏会館、二〇二二年
鷲巣力『書く力――加藤周一の名文に学ぶ』集英社新書、二〇二二年
半田侑子「加藤周一と「日本語の運命」――雑種文化論への過程」『立命館大学人文科学研究所紀要』一三三号、二〇二二年
立命館大学加藤周一現代思想研究センター『立命館大学加藤周一現代思想研究センター』報告準備号、二〇二三年
鷲巣力「「加藤周一文庫」と加藤周一の方法」『立命館大学加藤周一現代思想研究センター』報告準備号、加藤周一現代思想研究センター、二〇二三年

山辺春彦（やまべ・はるひこ）

一九七七年生まれ。東京都立大学大学院社会科学研究科政治学専攻博士課程修了。博士（政治学）。専攻は日本政治思想史。現在、東京女子大学丸山眞男記念比較思想研究センター特任講師。編著に『近現代日本思想史　「知」の巨人100人の200冊』（平凡社新書）など。

鷲巣力（わしず・つとむ）

一九四四年生まれ。東京大学法学部卒業。平凡社に入社し、林達夫著作集や加藤周一著作集の編集に携わる。雑誌『太陽』編集長、同社取締役。退任後はフリー編集著述業を営み、立命館大学加藤周一現代思想研究センター設立時に同センター長に就き、現在、同研究センター顧問。著書に『加藤周一を読む――「理」の人にして「情」の人』（岩波書店）、『「加藤周一」という生き方』（筑摩選書）、『書く力――加藤周一の名文に学ぶ』（集英社新書）など多数。

筑摩選書 0250

丸山眞男と加藤周一
知識人の自己形成

二〇二三年三月一五日　初版第一刷発行

著　者　山辺春彦
　　　　鷲巣力

監修者　東京女子大学丸山眞男記念比較思想研究センター
　　　　立命館大学加藤周一現代思想研究センター

発行者　喜入冬子

発行所　株式会社筑摩書房
東京都台東区蔵前二-五-三　郵便番号 一一一-八七五五
電話番号　〇三-五六八七-二六〇一（代表）

装幀者　神田昇和

印刷 製本　中央精版印刷株式会社

ISBN978-4-480-01771-0 C0395

筑摩選書 0055

「加藤周一」という生き方

鷲巣 力

鋭い美意識と明晰さを備えた加藤さんは、自らの仕事と人生をどのように措定していったのだろうか。没後に遺された資料も用いて、その「詩と真実」を浮き彫りにする。

筑摩選書 0072

愛国・革命・民主
日本史から世界を考える

三谷 博

近代世界に類を見ない大革命、明治維新はどうして可能だったのか。その歴史的経験から、時空を超える普遍的英知を探り、それを補助線に世界の「いま」を理解する。

筑摩選書 0076

民主主義のつくり方

宇野重規

民主主義への不信が募る現代日本。より身近で使い勝手のよいものへと転換するには何が必要なのか。〈プラグマティズム〉型民主主義に可能性を見出す希望の書！

筑摩選書 0105

昭和の迷走
「第二満州国」に憑かれて

多田井喜生

破局への分岐点となった華北進出は、陸軍の暴走と勝田主計の朝鮮銀行を軸にした通貨工作によって可能となった。「長城線を越えた」特異な時代を浮き彫りにする。

筑摩選書 0133

憲法9条とわれらが日本
未来世代へ手渡す

大澤真幸 編

憲法九条を徹底して考え、戦後日本を鋭く問う。社会学者の編著者が、強靭な思索者たる井上達夫、加藤典洋、中島岳志の諸氏とともに、「これから」を提言する！

筑摩選書
0150

憲法と世論
戦後日本人は憲法とどう向き合ってきたのか

境家史郎

憲法に対し日本人は、いかなる態度を取ってきただろうか。世論調査を徹底分析することで通説を覆し、憲法観の変遷を鮮明に浮かび上がらせた、比類なき労作！

筑摩選書
0152

陸軍中野学校
「秘密工作員」養成機関の実像

山本武利

日本初のインテリジェンス専門機関を記した公文書が新たに発見された。諜略研究の第一人者が当時の秘密戦工作の全貌に迫り史的意義を検証する、研究書決定版。

筑摩選書
0153

貧困の戦後史
貧困の「かたち」はどう変わったのか

岩田正美

敗戦直後の戦災孤児や浮浪者、経済成長下のスラムや寄せ場、消費社会の中のホームレスやシングルマザーなど、貧困の「かたち」の変容を浮かび上がらせた労作！

筑摩選書
0162

民主政とポピュリズム
ヨーロッパ・アメリカ・日本の比較政治学

佐々木毅 編著

ポピュリズムが台頭し、変調し始めた先進各国の民主政。その背景に何があるのか、どうすればいいのか？各国の政治状況を照射し、来るべき民主政の姿を探る！

筑摩選書
0163

骨が語る兵士の最期
太平洋戦争・戦没者遺骨収集の真実

楢崎修一郎

玉砕、飢餓、処刑――太平洋各地で旧日本軍兵士を中心とする約五〇〇体の遺骨を鑑定してきた人類学者は何を見たのか。遺骨発掘調査の最前線からレポートする。

筑摩選書
0165

教養派知識人の運命
阿部次郎とその時代

竹内 洋

大正教養派を代表する阿部次郎。『三太郎の日記』で栄光を手にした後、波乱が彼を襲う。同時代の知識人との関係や教育制度からその生涯に迫った社会史的評伝。

筑摩選書
0171

「抗日」中国の起源
五四運動と日本

武藤秀太郎

建国の源泉に「抗日」をもつ中国。この心性は五四運動を起点とするが、当初は単なる排外主義ではなかった——。新史料をもとに、中国のジレンマを読み解く。

筑摩選書
0172

内村鑑三
その聖書読解と危機の時代

関根清三

戦争と震災。この二つの危機に対し、内村鑑三はどのように立ち向かったのか。聖書学の視点から、その聖書読解と現実との関わり、現代的射程を問う、碩学畢生の書。

筑摩選書
0176

ベストセラー全史【現代篇】

澤村修治

1945年から2019年までのベストセラー本をすべて紹介。小説・エッセイから実用書・人文書まで、著者と作品内容、出版事情などを紹介する壮大な日本文化史。

筑摩選書
0177

ベストセラー全史【近代篇】

澤村修治

明治・大正・昭和戦前期のベストセラー本を全て紹介。近代の出版流通と大衆社会の成立、円本ブーム、戦争と出版統制など諸事情を余さず描く壮大な日本文化史。

筑摩選書
0181

天皇と戸籍
「日本」を映す鏡

遠藤正敬

日本人たることを〝証明〟する戸籍、戸籍をもたない天皇家。いずれも「血統」等の原理に支えられてきた。両者の関係をあぶり出し、「日本」を問い直す渾身作！

筑摩選書
0186

皇国日本とアメリカ大権
日本人の精神を何が縛っているのか？

橋爪大三郎

昭和の総動員体制になぜ人々は巻き込まれたのか。戦後のアメリカ大権を国民が直視しないのはなぜか。戦前の聖典『国体の本義』解読から、日本人の無意識を問う。

筑摩選書
0192

アジア主義全史

嵯峨　隆

アジア諸国と連帯して西洋列強からのアジア解放を目指したアジア主義。その江戸時代から現在までの全史をたどりつつ、今後のアジア共生に向けて再評価する試み。

筑摩選書
0201

保守思想とは何だろうか
保守的自由主義の系譜

桂木隆夫

ヒューム、諭吉、ナイトという三つの偉大な知性が、近現代の黎明期に見出した共通の主題「保守的自由主義」を抽出。保守思想と自由主義の相克を超える道をさぐる。

筑摩選書
0208

「暮(くら)し」のファシズム
戦争は「新しい生活様式」の顔をしてやってきた

大塚英志

「ていねいな暮らし」を作り出した女文字のプロパガンダとは何か。パンケーキから二次創作まで、コロナとの戦いの銃後で鮮明に浮かび上がる日常の起源。

筑摩選書 0209

乱歩とモダン東京
通俗長編の戦略と方法

藤井淑禎

一九三〇年代の華やかなモダン東京を見事に描いて、読者の憧れをかきたてた江戸川乱歩。都市の魅力を盛り込み大衆の心をつかむ、その知られざる戦略を解明する。

筑摩選書 0210

日本回帰と文化人
昭和戦前期の理想と悲劇

長山靖生

横光利一、太宰治、保田与重郎、三木清、京都学派……。彼らは絶望的な戦争へと突き進む日本に何を見たか。多様な作品を読み解き、その暗部に光を当てる意欲作。

筑摩選書 0231

「天下の大勢」の政治思想史
頼山陽から丸山眞男への航跡

濱野靖一郎

丸山眞男が言う日本人の「勢い」の意識とは何か。頼山陽、阿部正弘、堀田正睦、勝海舟、木戸孝允、徳富蘇峰の天下の大勢をめぐる思想から日本近代史を読み直す。

筑摩選書 0232

日清・日露戦史の真実
『坂の上の雲』と日本人の歴史観

渡辺延志

『日清戦史』草稿の不都合な事実はなぜ隠蔽されたか。『日露戦史』でもなされた戦史改竄が遺した禍根を考察し、『坂の上の雲』で形成された日本人の歴史観を問い直す。

筑摩選書 0241

基地はなぜ沖縄でなければいけないのか

川名晋史

沖縄に米軍基地が集中し、その状態が続くのはなぜか？この問題の解決策とは？　基地問題の「解決」をめぐり論争が続く今、基地研究の成果を世に問う渾身の書！